為什麼我的人生
這麼不順？

原來
讓世界
運轉的法則
是這樣！

U0048523

LaVie

國家圖書館出版品預行編目 (CIP) 資料

為什麼我的人生這麼不順？原來讓世界運轉的法則是這樣：圖解 46 個戀愛困擾、職場、人際關係、生活中的迷思，看懂行為背後的慣性定律，從此改寫人生的遊戲規則！／EBS《世上的所有法則》製作組著；高毓婷譯. -- 初版. -- 臺北市：麥浩斯出版：家庭傳媒城邦分公司發行, 2019.08
　面；　公分
ISBN 978-986-408-526-2(平裝)

1. 成功法 2. 生活指導

177.2　　　　　　　　　　　　108013122

為什麼我的人生這麼不順？

原來讓世界運轉的法則是這樣：

圖解 46 個戀愛困擾、職場、人際關係、生活中的迷思，看懂行為背後的慣性定律，從此改寫人生的遊戲規則！

EBS 세상의 모든 법칙

作者	EBS《世上的所有法則》製作組　EBS < 세상의 모든 법칙 > 제작팀
翻譯	高毓婷
責任編輯	黃阡卉
封面設計	Aikoberry
行銷企畫	蔡函潔
發行人	何飛鵬
事業群總經理	李淑霞
副社長	林佳育
副主編	葉承享
出版	城邦文化事業股份有限公司　麥浩斯出版
E-mail	cs@myhomelife.com.tw
地址	104 台北市中山區民生東路二段 141 號 6 樓
電話	02-2500-7578
發行	英屬蓋曼群島商家庭傳媒股份有限公司城邦分公司
地址	104 台北市中山區民生東路二段 141 號 6 樓
讀者服務專線	0800-020-299（09:30 ～ 12:00; 13:30 ～ 17:00）
讀者服務傳真	02-2517-0999
讀者服務信箱	Email: csc@cite.com.tw
劃撥帳號	1983-3516
劃撥戶名	英屬蓋曼群島商家庭傳媒股份有限公司城邦分公司
香港發行	城邦（香港）出版集團有限公司
地址	香港灣仔駱克道 193 號東超商業中心 1 樓
電話	852-2508-6231
傳真	852-2578-9337
馬新發行	城邦（馬新）出版集團 Cite（M）Sdn. Bhd.
地址	41, Jalan Radin Anum, Bandar Baru Sri Petaling, 57000 Kuala Lumpur, Malaysia.
電話	603-90578822
傳真	603-90576622
總經銷	聯合發行股份有限公司
電話	02-29178022
傳真	02-29156275
製版印刷	凱林彩印股份有限公司
定價	新台幣 450 元／港幣 150 元

2019 年 8 月初版一刷・Printed In Taiwan
ISBN　　　　　　978-986-408-526-2
版權所有・翻印必究（缺頁或破損請寄回更換）

為什麼我的人生
這麼不順？

原來讓世界運轉的法則是這樣！

BS媒體企劃｜EBS《世上的所有法則》製作組 著

LaVie

 **給本書讀者的話：**

　　這個節目的起始很單純。我們企劃的是以年輕觀眾為對象，在手機平板上也能輕鬆觀看的、簡短且濃縮的知識內容，但是要用「何種方式」呈現則是個關鍵。EBS[※]已經有了《知識頻道e》這個暢銷節目，因此需要能做出區別的內容。在經過長時間的會議討論後，我們決定使用現有節目中不常見到的「手繪動畫（scribing animation）」方式，以及讓名為「絕對知識百科字典的編輯——編輯峰（a.k.a 李峰淑）」一角登場。並由具有千種嗓音的諧星鄭成浩擔任配音，他厲害的聲帶模仿加上各種惡搞模仿的點子，最後，《世上的所有法則》節目誕生了。

　　在《世上的所有法則》中有以下角色設定及背

註：韓國教育廣播公社（韓語：한국교육방송공사；英語：Educational Broadcasting System），簡稱「EBS」，是大韓民國國營教育電視台兼廣播電台。

景故事。主角「李峰淑」是我們周遭常見的、平凡無奇又不顯眼，但卻可愛討喜的角色。膽小怕事又自信感不足，母胎單身且還是無業者的李峰淑，他與一隻比人類還聰明的貓咪「愛麗絲」一起生活。再加上他以手工方式製作百科字典，可以說是個一點都不符合今日尖端科技時代的復古人類。這樣的他，搖身一變成為知識傳達者「編輯峰」，透過傳達各種領域的理論與概念，與這個世界產生連結，並透過知識得到了自己獨有的超能力。

看見這樣的李峰淑後，希望《世上所有的法則》的所有觀眾不單只有學習到知識，也希望能夠成為一個契機，拓展各位對世界與生活的理解及共鳴。做為參考，「李峰淑」也是EBS的韓文暱稱，

可以算是製作組偷偷置入的小彩蛋。

　　《世上的所有法則》在經過一年半後，足足播出了超過兩百篇的內容，獲得許多觀眾的喜愛，介紹了社會學、心理學、經濟學、管理學、科學、文學等各種領域的主要概念，這段時間中有非常非常多人們一同參與了節目的製作。我們挑選出其中最受歡迎的篇章集結成此書，以書籍作為新的媒介，期待本書能展現出與節目不同的魅力給各位。希望讀者們在閱讀完本書後，不只獲得了知識，也能在日常生活中找到專屬於自己的、別具意義的共鳴點。

　　　　2018.9 EBS《世上所有的法則》節目製作組

登場人物介紹

編輯峰（Editor Bong）

本名：李峰淑（E.B.S）
職業：百科字典編輯，無業＝百科字典手工業者（？）
特徵：母胎單身
尊敬的人物：超人

「我的人生為什麼這麼不順？到底出了什麼問題？」

參加聯誼時因為語氣太消極，每次都碰壁的男子。
雖然寫了上百封履歷，但總是無法跨越就業門檻。
無業加上母胎單身，人際關係很差，總是不會看場面氣氛，常被人說只會放馬後炮。
學校裡也沒有教導在這世上生存下去的方法。因此他想，只要觀察讓世界轉動的原理及法則，不就能在其中學到生存於世的秘訣嗎？這樣的話，每每挫折的戀愛、人際關係不就能迎刃而解了嗎？因此編輯峰決心製作出「絕對百科字典」，也就是此書。

愛麗絲

性別：♀
職業：編輯峰的同居貓
特徵：比編輯峰更加了解人情世故（？）

「你現在是在問我嗎（喵）？」

不論何時都高傲的母貓。
在她眼中，不只編輯峰，有時候人類的世界看起來也很不可理喻。愛麗絲這個名字，是覺得李峰淑這個名字很土、懷恨在心的編輯峰所取的。每當待人處世笨拙的編輯峰身陷危機時，她就會在某處出現幫助他，雖然看起來是不經意的，但她是編輯峰唯一的朋友暨幫手。

目錄

第1章 愛和關係的法則

第2章 工作和學習的法則

第 3 章 生活的法則

第1章
愛和關係的法則

為什麼忘不了初戀？

―蔡加尼克效應―

在無數的戀愛中，令人格外難以忘懷的就是初戀了。這種忘不了初戀的理由究竟是什麼呢？有位心理學者揭露出這令所有人都好奇的原因，她就是心理學家布爾瑪‧蔡加尼克（Bluma Zeigarnik）。

布爾瑪‧蔡加尼克在1927年造訪了維也納的

某間餐廳，餐廳中有許多位客人，每個人都點了各自的餐點。服務生並沒有筆記下他們的各種點餐，但卻能精確地送上餐點。人們全都對這位服務生卓越的記憶力感到讚嘆。

　　覺得這點十分神奇的蔡加尼克，詢問這位服務生是否能再次說出自己桌上點了那些餐點，但是記憶力如此強大的服務生，卻什麼都記不起來。他對點餐內容的記憶只從接受點餐到結束送餐為止。

　　蔡加尼克與老師庫爾特・勒溫（Kurt Lewin）

布爾瑪・蔡加尼克
Bluma Zeigarnik

庫爾特・勒溫
Kurt Lewin

著眼於此部分，進行了有趣的實驗。蔡加尼克將受試者分成兩組，各交給他們寫詩、穿珠子、聯想等超過十種以上的任務。受試者們在執行這些任務上所需的時間大致相同。不過，第一組在進行任務時沒有受到任何妨礙，第二組則是在半途被中斷作業，或者被要求放下手上的工作、進行下一個任務。

　　並在課題結束後，記錄受試者們還記得自己做

了什麼。他們發現，在半途停下工作、跳去做其它任務的第二組受試者，他們記得的任務數量，比起第一組足足多了2倍左右。這個研究以「蔡加尼克效應（Zeigarnik effect）」之名聞名於世。

任務記憶力實驗

What was your mission?

實驗筆記整理 受試者被分為兩組進行了各種任務，其中，比起執行任務途中沒有受到任何妨礙的組別，在中途停下工作、換成進行別的任務的組別，其受試者更加記得自己進行過的任務。

我們更簡單地用遊戲來想像一下吧！自己在打遊戲時，如果沒辦法完成一個關卡，會怎有什麼感覺呢？答案是不管在做什麼事，腦中都只會想到遊戲而已。無法結束或無法完成的事情，一定會一直浮現心中。不過，只要事情一結束，與其相關的記憶就會輕易地被忘掉。

在連續劇中，最後一幕播出的總是決定性的瞬間，這也是一種蔡加尼克效應的應用，為了讓連續劇畫面在觀眾的記憶中揮之不去。

結果，我們忘不了初戀，可能並不是因為那是命運般的初戀，而只是因為那是無法完成的事情，所以才難以忘懷。如果某件事做到一半不做了，在

那問題解決以前，緊張的狀態都會持續下去，這就是蔡加尼克效應。而我們不論在哪裡，都在經歷著蔡加尼克效應。

蔡加尼克效應（Zeigarnik effect）

某件事未完成，在中途停下來的話，會因持續處於緊張狀態，而不斷浮現心頭的心理現象。

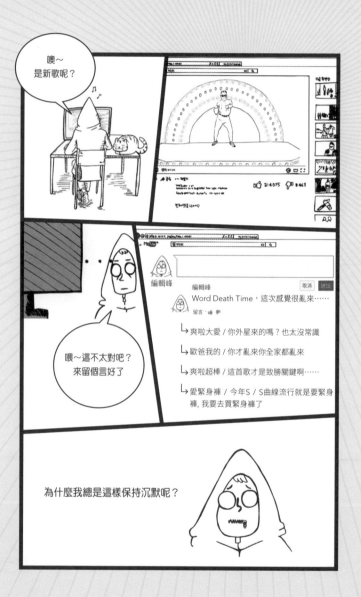

面對多數而對立的聲音時，
我為何保持沉默？

─沉默螺旋理論─

若是自己的意見與多數的意見相同時，就會堂而言之，若不同時，則經常會保持沉默，相信我們

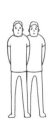

都有這種經驗。明明就跟自己的意見不一樣，但卻在眾人面前動搖的自己……到底為什麼會這樣呢？

　　有一個有趣的實驗能夠一探其中真相，那就是心理學者所羅門・阿希（Solomon Eliot Asch）知名的「從眾實驗」。所羅門向七位受試者提出問題，請他們從下面ABC三條線中，選出一條與X一樣長的線。在下列線條中，不論是誰一眼就能看出答案是B，是個答案非常明確的問題。但是在七名受試者中，有六人已經在事前與他們約好，在回答

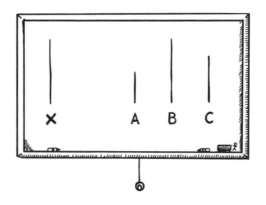

時要一致講出C這個錯誤答案。在聽到前面其他受試者全都說出錯誤的答案後，第七位受試者也與其他人一樣回答了C。這個實驗極其明確地展示出，人們會因為害怕受到社會性的孤立，而做出與他人反應相同的行動。

從眾實驗

實驗筆記整理 在選出相同長度線條的問題中，雖然不論是誰一看就知道是錯誤的答案，但當前面的人皆回答錯誤的答案時，最後一名受試者也回答了與他們一樣的答案。

以此為基礎，德國的輿論學者伊莉莎白·諾艾爾－諾依曼（Elisabeth Noelle Neumann）發表了一個有趣的理論。因為人們有掌握輿論氛圍的能力，所以才能準確地感受到對特定想法的好感或反感。因此當優勢輿論與自己的想法一致時，便會積極地去表現，若非如此，則會隱藏自己的想法。這被稱為「沉默螺旋理論the spiral of silence theory」。

多數的意見會一邊朝向螺旋的外側旋轉，一邊漸漸擴大勢力，少數的意見則會轉成小小螺旋，漸漸地越變越小。因此有時候只有嗓門大的人會顯露在外，且我們會錯以為那是多數的輿論。在選舉時，與論調查與投票結果不同，也是因為沉默的人們透過選舉表現出了他們的意見。

在同溫層群體間雖然會溝通交流，但與自己不同就裝聾作啞的社會。我們的社會不就是在強迫彼此保持沉默嗎？

　　在健康的社會中，有時沉默可能不是金，而是毒。

當自己的想法與佔優勢的輿論一致時，積極表達意見，但當自己的想法為少數意見時則沉默，並傾向強勢輿論走向之現象。

．原來讓世界運轉的法則是這樣！

我為何談不了戀愛？
─豪豬兩難說─

　　從前從前，有兩隻刺蝟住在一起。在非常寒冷的冬天，刺蝟們互相依靠身體，想要分享溫暖，但是身上突出的尖刺卻互相刺傷了對方。嚇了一跳的刺蝟們，為了不想給對方造成傷口，因此離得遠遠的，結果他們卻撐不過這次的寒冬。

　　靠近會被尖刺刺到、遠離又太冷，這樣
也不是、那樣也不對的「豪豬（刺蝟）兩難說
hedgehog' s dilemma」，源自於德國哲學家阿圖
爾・叔本華（Arthur Schopenhauer）書中記載的
寓言。從這個寓言中我們就能知道，豪豬兩難指的
是人際關係上的困難，雖然想變親近，但因不可抗
拒的因素而迴避。

　　提出這個兩難說的叔本華，自己也是個知名

的母胎單身者。他因為害怕臉上被弄出傷口，因此不讓理髮師幫他刮鬍子。去餐廳用餐時，也一定會點兩人份的餐點，因為他怕自己對面的座位會有人坐，所以用這種方式讓誰都無法坐下與他共桌。這樣全身帶刺的叔本華，會不會也就是難以親近的你呢？

阿圖爾·叔本華
Arthur Schopenhauer

　　豪豬兩難說的重點是找出既不會讓對方受傷，又能分享溫暖的「適當的距離」。樹木與樹木之間需要距離，才有空間夠讓枝椏伸展開；建築物與建築物間也需要有距離，才能讓光線照進窗內。

適當的距離

人也是一樣的。我們需要做的，不是不由分說地遠
離對方，而是找到「適當的距離」，不給對方帶來
傷害，卻同時能分享溫暖。為了找到這個距離，還
是得要直接去碰撞才行。因為如果不這麼做的話，
就絕對無法知道怎樣的程度才是恰當的距離。

　　在無法一人獨活的世界中，因太過靠近而產生

的傷口是暫時的，是為了往後關係的一個過程。受傷的傷口會癒合結痂，在痂之上，將會堆疊出更堅固的關係之塔。

豪豬兩難說（hedgehog' s dilemma）

即使想形成親密關係，也會因不得已的原因而迴避，意指人際關係困難之詞。

※：韓文中「自導自演（자작극）」與「白樺樹（자작나무）」前兩字一樣，為諧音梗。

關注病很危險的原因？

—孟喬森症候群—

　　故意餵兒子吃鹽讓他患病，最終因殺人罪而被起訴的媽媽。她為什麼要犯下這樣的罪刑呢？理由是「因為想要受到關注」。您可能會認為，就只是因為想要他人的關注，而殺了自己的孩子，這也太不像話了吧？但對想要受到其他人肯定的「關注病」患者中，有些人即使沒有生病，

理查德・阿什
Richard Asher

關注病門診

也會說謊表示有病，或是自殘。

　　1951年英國籍醫生理查德・阿什（Richard Asher）將為了獲得關注而編造謊言的病取名為「孟喬森症候群（Munchausen syndrome）」。孟喬森症候群一詞聽起來好像有點艱深，但簡單來說，這就是裝病。那麼為什麼理查德・阿什要取這樣一個名字呢？

孟喬森男爵
Baron Karl Friedrich
Münchausen

孟喬森症候群這個病名，是取自十八世紀曾任德國軍人的孟喬森男爵之名而來。孟喬森男爵的吹牛與誇大其辭非常嚴重，他的吹噓實在太過誇張，誇張到其「英雄故事」還出版成《男爵的冒險（The Adventures of Baron Munchausen）》一書。

吹牛到這種程度，任誰都只能說他了不起了。永無止盡的吹牛與誇大其辭，是為了引起關注

的病態謊言中毒症狀。

　　另外，就像不是透過傷害自己、而是藉由餵小孩吃鹽，泰然自若說謊成性的媽媽一樣，也有一種情況是將他人變成患者，博取同情與關注。這種現象被稱為「代理型孟喬森症候群」。

　　人們就算只是受到單純的排擠孤立，也會遭受極大的痛苦。因為對這些人來說，獲得關注也就是自己存在的理由。因此當得不到關注時，在極端的

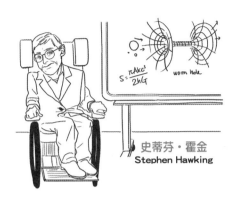

史蒂芬・霍金
Stephen Hawking

情況下甚至是可以殺死他人的。

　　天才物理學家史蒂芬・霍金博士也是代理型孟喬森症候群的受害者。霍金博士因運動神經元疾病（也稱為肌萎縮性脊髓側索硬化症，或漸凍人症），而完全無法支撐身體，不知從何時起，他的手腕骨折且臉上開始出現割傷。了解後才發現，霍金博士身上出現的這些傷，都是他的第二任妻子伊

蓮故意弄出來的。伊蓮假裝自己正犧牲奉獻地在照顧霍金博士，想取得周遭人們的同情。

在人生中，有時總會遇到以「大吹牛皮」一詞來形容再貼切不過的人。一開始雖然周遭人們也會加以關注，並相信他說的可能是真的，但結果最後所有人都會離開他身邊。對所有人來說，我們或多或少都有一點想獲得他人認同的關注病。但關注病如果程度太超過，將會招來非常可怕的事情，這是我們經常有目共睹的。

孟喬森症候群（Munchausen syndrome）

就算沒病，也會為了引起他人關注而說謊裝病或自殘，為精神疾病之一。

人帥做什麼都可以？

─光環效應─

　　您曾在判斷某人的時候，僅以對方的第一印象或外貌就進行判斷過嗎？或者在挑選衣服時看到品牌就購買，以及在買書時，只要書上標榜「明星大學」這類字眼，就更容易被吸引呢？不論是誰至少都會有一兩次這樣的經驗。人們在判斷某項事物時，為什麼會只憑一種要素就進行判斷了呢？

有一個與此相關的研究：美國心理學家愛德華‧桑代克（Edward Thorndike）對軍隊中長官評價部下的態度進行研究，他請軍官們對士兵們的各種能力進行評價。結果，印象好、品行端正的士兵不僅在射擊實力，更在幾乎所有項目中都得到高評價。桑代克將此稱為「光環效應 halo effect」。光環效應指的是，個人的一項正面特徵，會影響到對該者的其他方面評價。

當然，相反的情況也適用。第一印象不好的士兵們得到了每件事都做不好的評價。桑代克把這稱為「惡魔效應」。

射擊　　　擦軍靴　　　挖掘　　　足球

光環效應並不是只有在評價人時才會出現的現象。我們在選擇商品時，也會受到光環效應的影響。因為是知名品牌，所以認為它的品質當然好，這也可以說是光環效應。

還有另外一個光環效應的實驗：以兩種版本

出版與行銷有關的書籍，在其中一版的封面上置入「哈佛大學經典著作」字眼，在另外一版上則沒有。當然，兩版書的內容是完全相同的。而雖然印有「哈佛」字眼的書販售價格訂為另一版書的兩倍，卻賣得很好，但未印有哈佛字眼的書則幾乎賣不出去。哈佛的光環甚至影響到了書籍的販售。

我們為什麼明明再清楚不過，卻每每被光環效應給騙了呢？原因就是，因為我們的大腦要處理的資訊太多了。將一項一項的特徵全部輸入腦中並進行評價時，大腦是有其界限的，因此為了在最短的

時間內掌握對象，就會以某項資訊為基礎，去解釋其他面向。

換句話說，就是見一判斷十。也就是說，如果仔細去探討的話，我們所下的判斷，有很大部分可能是偏見呢。

某對象或人物的正面特性，會影響對該對象或人物其他特性的評價。

流行是如何產生的？

─從眾效應─

　　在看到電視購物的老梗台詞：「訂購量爆增」和「即將售罄」等字句後，因為認為有許多人已經買了這商品，而更加堅信不移。在網路上購買東西時，即使是同一項商品，也經常會選擇有其他人留下心得的網站購買商品。跟著別人買過的商品來買，是因為如果不跟別人做一樣的事，會覺得不

知為何好像只有自己很落伍似地。所以可以說，流行並不是潮男潮女們創造出的，而是跟隨這些行動的「跟風者」們所創造出的。

您也可以變身暴走列車！
全民運動鞋

你也要？我也要！
全民羽絨衣
北壁

請速洽購物網站購買！

甜蜜的~
香蕉奶油洋芋片

其實，只要是人，不論是誰都會受到他人的影響。更何況有個研究結果顯示，在吃飯時，若是兩個人一起吃，會比獨自一人吃飯時多吃35%左右，如果是四人以上一起用餐，則會多吃75%左右。

+ 75%

不只如此，在另外一個實驗中，研究人員讓受試者們看四十八首音樂的下載排行榜，並送給他們免費下載票券。但他們給前七百五十位受試者看的是真正的排名，而給之後的受試者看完全顛倒過來的排名，也就是第四十八名變成第一名的排行榜。結果，第四十八名的歌曲下載數量激增，而真正的第一名，其下載數在給受試者們看假情報後開始，成長幅度多少呈現出減緩的趨勢。

　　美國經濟學家哈維・萊本斯登（Harvey

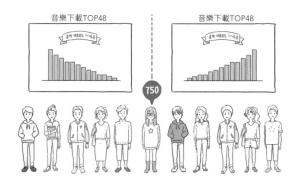

Leibenstein）直接挑明比起自己的判斷，更傾向跟著多數人的判斷來行動的大眾心理，發表了「從眾效應／樂隊花車效應（bandwagon effect）」一詞。Bandwagon指的是馬戲團或遊行隊伍最前面載著樂隊的馬車。

　　從眾效應與政治也並非無關。1848年當時有一位最高人氣的小丑丹‧萊斯，他是美國總統大選候選人扎卡里‧泰勒的狂熱支持者。

　　萊斯邀請泰勒一起站上樂隊花車，上街拉票

去。而群眾們沒有想太多,就排隊跟在花車後面走了起來。托此之福,泰勒成功取得大眾關注,結果他在大選中獲得勝利,成為美國第十二任總統。

此後,選民們轉向支持在選舉中掌握大勢的候選人的現象,也被稱為「從眾效應」。也被稱為

「羊群效應（Herd behavior）」。

　　只要某種事物一流行就一窩蜂跟著做的心理，是因為有安全上的需求，不想被多數方疏遠，才會出現這樣的現象不是嗎？流行的本質，也是源於這種從眾效應。

粉紅黨　　　　　　　　　綠黨

從眾效應（bandwagon effect）

1. 比起自己的判斷，人們更會跟隨眾人的判斷來行動的現象。

2. 在選舉中，選民轉向支持掌握大局的候選人之現象。

為何麼會被相似的人吸引？

—變色龍效應—

　　有句格言這麼說：「模仿是最真誠的奉承」，如同這句話所述，人們總是會被與自己相似的人吸引。到底為什麼會這樣呢？

　　有一個與此相關的研究：1999年美國的心理學家坦亞・恰特蘭（Tanya L. Chartrand）與約

翰‧巴奇（John A. Bargh）研究了無意識的行動對人際關係造成的影響。他們將受試者分成兩兩一對，讓他們看十二張照片，並請他們在十五分鐘內對彼此描述這些照片。這個實驗助教也參與其中，其中一組的實驗助教會暗暗模仿受試者的行動，而另一組則只是照平常一樣聊天。

在照片描述結束後，以問卷調查了解受試者們喜不喜歡實驗夥伴、對話是否順利進行。結果，比起不模仿對方行動的組別，助教有模仿對方行動的組別受試者，對助教的好感度更高，並回答對話也

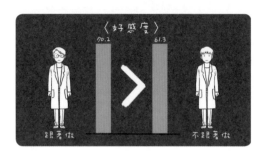

照片描述與行動模仿實驗

〈好感度〉

90.2 61.3

跟著做 不跟著做

> 實驗筆記整理 > 在兩人一組描述照片的實驗中,比起不模
仿自己的行動,若對方模仿自己的行動來
做,則會對對方有更高的好感度。

進行得更順暢。受試者們甚至並不知道對方在模仿
自己的行動這件事。

如上所述,無意識地模仿對方的行動或表

情，或者更信賴與自己行動相似者的現象，稱為
「變色龍效應（chameleon effect）」。變色龍這
種動物的特色是會隨著周遭環境改變自己身體的顏
色。

　　也有研究顯示，與變色龍同樣臨機應變的待
人之道，也對社會生活有所幫助。在荷蘭的一個實
驗中，將顧客的點餐內容原封不動照唸一次的服務
生，比換句話重述的服務生，要多拿了70％的小
費。並且，若服務生模仿自己時，客人在用餐滿意
度上也更高。

那麼，為什麼人們對會與自己相似的人抱有好感呢？這是因為人類從古至今本能地知道，模仿他人的話，就能讓對方在心理上產生將自己視為同伴的想法。再加上如果有人模仿自己的話，也會覺得自己似乎受到了對方的認同。

　　世界很複雜，個人所能了解的也只不過是其中的一小部分。因此越是如此，人們的不安也越發增加。也許現代人們認為，比起提出自己的意見，像變色龍一樣附和他人的意見，就能安全生存下去也說不定。

變色龍效應（chameleon effect）

無意識中模仿對方的行與表情，或信賴與自己行動相似者之現象。

為什麼比起第一名，
第二名更容易獲得他人的支持？
─落水狗效應／敗犬效應─

就像〈大衛與歌利亞〉（David and Goliath）※的故事一樣，人們期望弱者成功並為其加油，並從中獲得同感，這是人們的普遍心理。這種為相對來說的弱者加油的行為，被稱為「落水狗效應／敗犬效應（underdog effect）」，落水狗效應一詞源自於鬥狗場，因為在鬥狗場中，在上方進

※：《舊約聖經》中以色列牧羊少年打敗巨人歌利亞一戰成名的故事。

行壓制的狗被稱為「topdog」，被壓在下方的狗則稱為「underdog」。

落水狗效應（敗犬效應）廣為大眾所知的契機，是1948年的美國總統大選。當時在大選的輿論調查中，候選人湯瑪斯・杜威獲得了最多支持，並被認為一定會當選，但選舉結果，卻是被預測會敗選的哈瑞・杜魯門贏得選戰。

此後，也開始有利用落水狗效應的廣告播出。有一個在美國租車市場上萬年位居老二的企

我們是被第一名遮掩住的第二名。
因此我們更加地努力著。

業，透過廣告非常坦白地表現出自己的處境，這則訊息打動了人們的心，在廣告播出後，紐約的銷售額在一個月內增加了50%，成為脫離萬年赤字狀態的轉捩點。

　　人們為什麼會幫弱者加油呢？原因正是因為心有戚戚焉。自認為是弱者的人，會自然而然地對其他弱者抱有一體感。且因為弱者的勝利是「不在意

同感

料之內的勝利」，所以高興也會加倍。也因為是弱者的關係，就算輸了，亦不會那麼失望。

　　喬治城大學商學院的帕哈莉亞（Neeru Paharia）教授指出，隨著外在條件越不利，對成功的熱情與意志越堅強的人，在這種情況下越會產生落水狗效應。

　　過去我們所支持的電影或書中主角們，也是一種典型的落水狗。舉例來說，哈利波特在小時候就

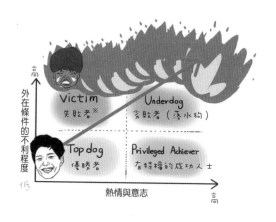

※：此處英文意為「受害者、罹難者、犧牲者」，但下方的韓文原文將其直譯為「失敗者、敗北者」，兩者詞意上有落差，特列出供讀者參考。

因佛地魔失去了父母，外在條件非常不利。但他在魔法學校中與反派一較高下的過程，卻充分地展現出熱情與意志。因此有許多人能從哈利波特的成長故事中得到快感對吧。

⟨ **落水狗／敗犬效應（underdog effect）** ⟩

希望競爭中落後的弱者獲得成功或贏過強者的心理現象。

※：在韓國的習俗中，子女會用工作賺到的第一份薪水買內衣給父母穿，以示孝心。

比100句話更具效果的
安慰方法？
─擁抱效應─

　　據說有一種比世界上任何藥物更能好好撫慰我們心靈的強效治療藥，到底是什麼呢？答案正是擁抱。在英文中意味擁抱一詞的「hug」，其語源來自古代挪威的「hugga」這個單字，hugga具有「使其舒適放鬆」、「給予安慰」之意。也就是說，擁抱本身就是個蘊含撫慰之意的行為。

事實上，也有研究結果顯示擁抱有益心臟健康。美國北卡羅來納大學心理學研究小組讓五十對夫婦或戀人手牽著手觀賞羅曼蒂克的影片，並在影片結束後，請他們擁抱二十秒。而讓其他八十五名沒有同伴的受試者舒適地休息。之後，請所有受試者在兩到三分鐘的時間內，聊聊最近受到的壓力。結果發現，與有身體接觸的成對受試者相比，獨自一人的受試者血壓上升幅度為兩倍以上，心跳也增加了。

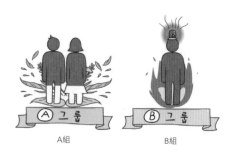

A組　　　　　　　B組

　　那麼為什麼有擁抱的成對受試者們心臟會變得健康、較不會受到壓力呢？原因正是因為，只要擁抱，我們的身體就會分泌催產素（Oxytocin）這種賀爾蒙。催產素是與女性生產泌乳行為有直接關聯

的賀爾蒙，也被稱為擁抱賀爾蒙。

　　有一個以擁抱拯救了一個生命案例。2010年3月，在澳洲雪梨的一間醫院中，有一對僅懷胎27週便產下的雙胞胎早產兒。但在短暫的誕生喜悅後，雙胞胎中的弟弟傑米即使持續不斷地接受了二十分鐘的心肺復甦術，仍舊被宣告死亡。但當傑米的媽媽想與他做最後的告別，抱住傑米的瞬間，奇蹟發生了，嬰兒停止的呼吸又回來了。救活傑米的，正是母親的懷抱。

人 們 將 這 個 事 件 稱 為 「 袋 鼠 式 護 理
（Kangaroo Care）」的奇蹟。就像袋鼠在產下孩
子後，會將孩子放入腹中的口袋照護一樣，人類媽
媽與孩子長時間的緊密肌膚接觸，有助於孩子的情
緒穩定。

　　另外，我們所熟知的「Free Hugs（免費擁

抱）」運動是由美國一位名為傑森‧杭特（Jason Hunter）的人創始的。他開始Free Hugs運動的契機，是從前來參加母親喪禮的弔唁客那聽來的故事。客人表示，他的母親生前以溫暖的擁抱安慰身邊的人，不知道給了多少人巨大的力量，傑森從這裡得到靈感，開始了Free Hugs運動。

　　一次的擁抱比任何話語更能傳達大大的安慰，並能從中得到幸福。

擁抱效應

擁抱時會分泌催產素，讓身體變得舒適。

母胎單身真的是個性有問題？

─戀愛關係的正向錯覺─

　　有許多人總是認為，沒有戀人的人一定是個性上有什麼問題。

有一位日本的心理學家為了探究這個問題進行了問卷調查。問卷的題目很簡單，他向受試者提出下列句子，請他們在空格中填上答案。

問卷調查的結果中，對於有戀人者的評價大致都是肯定的。有32%回答認為有戀人者是外表有魅力的人，有20%認為是個性外向開朗的人。且也有10%之多的受試者認為沒為什麼就是好的。

相反地，認為沒有戀人的人是內向或性格陰暗者的人最多，佔了28%。而認為沒有魅力的則佔了18%。

"애인이 있는 사람은 「매력적」"

有戀人的人是「有魅力的」

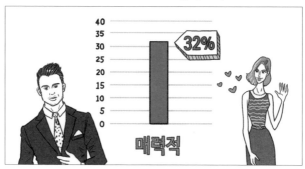

有魅力的

"애인이 없는 사람은 「내향적」"

沒有戀人的人是「內向的」

內向的

這種對特定對象或集團抱有的既定觀念稱為「刻板印象（stereotype）」。在大部分的情況下，刻板印象很常是沒有根據的偏見。

　　特別是關於戀愛的刻板印象，也就是有戀人的人個性好且正面，但沒有戀人的人個性差且負面的現象，被稱為「戀愛關係的正向錯覺（positive illusions in romantic relationships）」。

外向的？

內向的？

上述對沒有戀人者的看法是偏見，而認為有戀人者個性外向也不過只是偏見。因為在戀愛關係中，性格外向者成為「大眾情人」的可能性更高。

那麼為什麼人們會被這種社會成見綁住來判斷其他人呢？因為將各種資訊綑綁成一群使其簡化，能讓我們的認知系統不那麼辛苦。正因如此，人們才會以刻板印象組成小圈圈，固執堅守著被簡化後的資訊。

─┤ **戀愛關係的正向錯覺**（positive illusions in romantic relationships）├─

認為有戀人的人個性好且正面，沒有戀人的人個性差且負面之現象。

數位溝通，
尚有2% 不足之處的原因？
─麥拉賓法則─

　　想用話語向他人傳達某些事時，為了能好好傳達意思，最重要的是什麼呢？雖然話語的內容也很重要，但說話語調及表情的重要性也不在其下。

　　這是心理學者艾伯特‧麥拉賓（Albert Mehrabian）教授在1971年出版的著作《沉默訊息（Silent messages）》中所主張的內容。

麥拉賓教授在第一個實驗中，調查說話者想傳達某訊息時，話語的意義及語調有多重要。然後他發現比起詞語本身的意義，音色要來得重要更多。

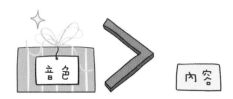

在第二個實驗中，他調查了音色及臉部表情等非語言要素的重要性。這次他發現一件事實，即使口頭上說對方與自己之間並沒有什麼問題，但如果迴避對方的眼睛，或露出不悅的表情，反而會表現出兩人之間有問題，與說出的話語內容不同。

綜合此實驗中得出的事實後，麥拉賓教授得出以下結論：人與人之間在溝通時，「非語言要素」與「語言要素」同樣重要。他並強調，語言要素與

非語言要素達到一致這點亦十分重要。也就是說，這個實驗的核心在於，表現喜歡或討厭等情緒上的內容時，若語氣及肢體語言不相符，想傳達的訊息可能會被扭曲。

如前所述，光是藉由表情及語調，就能讓話語呈現出多種意義。因此如果只用文字溝通，也經常會招來誤會。近來因社群媒體發達，直接碰面談話的機會減少了，因此人們感同身受的能力也漸漸下降。

　　與此相關的還有2013年北卡羅來納州立大學醫學院的斯蒂芬·波格斯（Stephen Porges）教授所發表的研究結果，他表示若不面對面互相談話溝通、並活用同理心能力的話，相關的功能將會衰退。

　　近來的小孩們被批評為沒有待人處事上必備的看眼色能力，這終究是意味著同理心不足，所以無法理解對方。我們使用社群媒體是為了溝通，但透

過這些社群媒體，我們真的有在好好溝通嗎？

麥拉賓法則（the law of Mehrabian）

人與人之間的溝通交流中，語言要素與非語言要素一樣重要。

為什麼覺得我來做就是「浪漫」，別人來做就是「醜聞」？
─行為者─觀察者偏誤─

　　人們常常會覺得我來送就是禮物、別人送就是賄賂；我來做就是投資、別人來做就是投機；我來做是浪漫、別人來做是醜聞。到底為什麼會這樣呢？

　　別人的問題就是那個人自己的錯，我的問題是因為周遭環境的緣故，有學者對這種人類的雙

重標準提出了論述。心理學者理查德・E・尼斯比特（Richard E. Nisbett）和愛德華・E・瓊斯（Edward E. Jones）是本章節的主角。這兩位心理學者在1971年發表的論文中，以「行為者－觀察者偏誤」稱呼這個現象。

理查德・E・尼斯比特
Richard E. Nisbett

愛德華・E・瓊斯
Edward E. Jones

行為者－觀察者偏誤之所以會發生，是因為經驗到的事物與觀察到的事物間有著明顯差異。且正是在這一點上，出現了觀點上的差異。

在尋找自身行動的原因時，因為行為者看不

到自身的行動，因此較傾向於聚焦觀看外在因素，不過在尋找他人行為的原因時，因為自己身為觀察者，所以會專注於觀看對方（行為者）本身。

有一個有趣的實驗能說明行為者與觀察者的觀點有多麼不同。在實驗中，研究人員詢問讀書中的孩子們讀書的理由是什麼，並傾聽他們的回答。孩

子們讀書的理由五花八門，有的孩子回答媽媽叫我讀書所以我就讀了，也有孩子說考試考得好才能進好大學。而大部分孩子的回答，都是因外在因素而讀書的。

接下來，在同一群孩子們面前擺上鏡子，請他們看看自己讀書的模樣。然後再次問了他們同樣的問題：為什麼要讀書呢？結果，孩子們的答案變得

完全不同。有些孩子回答因為讀書很有趣，也有人回答因為讀書是世界上最棒的事，所以才讀書的。

光是從行為者觀點轉變到觀察者觀點，想法就會變得不同。4歲的孩子在玩手機遊戲後，看到出現「Fail（失敗）」一詞卻覺得很開心。問他知道是什麼意思所以才開心的嗎，結果孩子這麼回答：

鏡子與讀書實驗

實驗筆記整理 孩子們在面前沒有擺鏡子讀書的情況下，回答因外在因素而讀書，在他們看到鏡中自己讀書的樣子後，回答因為自己喜歡讀書所以才讀。

「是叫我再玩一次的意思」，這是某位演講者說的內容。就像這位講者說的一樣，觀點的差異就是對待生活的態度不是嗎？因為根據觀看方式的不同、觀看立場的不同，情況也會變得不一樣。

為了指責他人而做出手勢時，請看一下手的樣子。雖然有兩隻手指指著對方，但剩下三隻手指是向著自己的※。也許，我們在看不清自身錯誤的情況下，就對著他人指指點點了也說不定。

原來讓世界運轉的法則是這樣！

行為者－觀察者偏誤（actor-observer bias）

人類的雙重標準，判斷自己做不好是因為周遭情況影響，但他人做不好是因為那個人自身的問題。

※：韓國一般指責他人的手勢，比較像台灣人在比數字七的樣子（如此頁插畫所畫），與台灣指責人的習慣手勢不同（通常是食指指他人、其他四隻手指向自己）。

為什麼越反對，愛越深？
—羅密歐與茱麗葉效應—

　　在韓劇中經常可以看到戀人半夜私奔的場景，像這樣，周遭人們越反對的戀愛，戀人們的感情卻會越來越深。到底為什麼會這樣呢？為了找出這個原因，心理學者理查德·德里斯科爾（Richard Driscoll）和傑克·布萊漢姆（Jack Brehm）、凱斯·戴維斯（Keith E. Davis）攜手，以美國科羅拉多州的280對男女情侶為對象，

理查德·
德里斯科爾
Richard Driscoll

傑克·布萊漢姆
Jack Brehm

凱斯·戴維斯
Keith E. Davis

進行了問卷調查。

　　調查結果發現，父母的干涉與介入越深，兩人的愛就會越濃烈，相反地，父母的干涉比一開始減少後，情人間的戀愛強度卻漸漸變弱。這種父母的反對或周遭的阻礙讓戀人間的愛越來越深的現象，稱為「羅密歐與茱麗葉效應（Romeo & Juliet effect）」。

反對　　　　　　　　　　　　阻礙

這個名字是從莎士比亞的小說《羅密歐與茱麗葉》而來。在小說中，兩位主角雖然相戀，但因為雙方的家族是世仇，所以遭到了劇烈的反對。兩人為了對此表示反抗展開私奔，最終死亡，為這段戀情畫下句點。

對此，莎士比亞這麼表示：

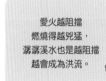

愛火越阻擋
燃燒得越兇猛，
潺潺溪水也是越阻擋
越會成為洪流。

威廉・莎士比亞
William
Shakespeare

　　社會心理學家把這種意念稱為「反抗心理」。當人們發現有人要限制自己的自由意志時，有不管怎樣先反抗就對了的傾向。

　　有一個與此相關的實驗：讓心理學概論的上課學生聽四張音樂唱片後評價這些音樂。並告訴他們在實驗結束後，可以從四張唱片中選一張想要的作為禮物帶走。實驗第一天，學生們在聽完四張唱片後進行了好感度評分。

　　而在第二天，請學生們聽與前一天同樣的曲子

再評價。並一樣告訴他們，在實驗結束後，會讓他們選想要的唱片作為禮物，但四張唱片中有一張無法寄送，所以會從其他三張中給他們。

結果，這番話對唱片的評分產生了怎麼樣的影響呢？實驗結果發現，把無法寄送的唱片評價得比前一天還高的學生足足多了70％。因為想到無法擁有某項事物，所以變得更想擁有的「心理抗拒（Psychological reactance）」產生了作用。也就是說，因為選不了這張唱片，所以產生了心理上的反彈。

唱片好感度實驗

實驗筆記整理 雖然評價的是與前一天相同的唱片，但在被告知拿不到其中一張唱片的情況下，對該唱片的好感度增加了70%。

不論是誰，當自我遭到限制時都會有反抗感。因此有人要代替自己做選擇，並強迫要求服從時，就會產生心理上的抵抗。我們經常看到的浪漫連續劇，以及前面提到的世界古典小說《羅密歐與茱麗葉》中，就包含了這種心理學的因素在內。

羅密歐與茱麗葉效應（Romeo & Juliet effect）

心理反抗的一種，父母的反對或周遭的障礙反而使愛更深。

別人的不幸為何成了我的幸福？
─幸災樂禍─

　　親戚買了塊地時覺得嫉妒，意氣風發的朋友完全破產時莫名覺得心情愉悅。這種別人的不幸讓自己感到幸福的原因究竟是什麼呢？

　　在德國，有一個單字「schadenfreude」，其中「schaden」是損失，「freude」是快樂的意思。也就是說，schadenfreude一詞指的是當他人

身上發生損害時感到高興的意思，用中文簡單來說就是「啊哈哈你活該／幸災樂禍」。

　　日本京都大學的高橋英彥教授研究小組觀察發現，人們在感受到幸災樂禍時，腦中會發生了一些變化。首先，他們給平均年齡為22歲的年輕男女們劇本，請他們想像自己是主角。在劇本中，有除了主角以外的三名同學登場，在同學們成功的時候，主角會感受到強烈的嫉妒，相反地，當同學陷入不幸遭遇時，主角的快感會提升。此時，受試者們越是強烈感受到嫉妒，腦中感受到不安情緒或痛苦時會活化的「背側前扣帶迴皮質（dorsal anterior cingulate cortex, DACC）」越會產生反應。

背側前扣帶迴皮質
（dorsal anterior cingulate cortex,
DACC）

嫉妒

　　對於在與自身無關的領域中飛黃騰達的朋
友，並不會感到那麼的嫉妒，但當聽到朋友在同
樣領域中嶄露頭角的事蹟時，卻與痛苦無異。相
反地，當得知飛黃騰達的朋友遭遇不幸時，腦中與

快樂、中毒、報償相關的「腹側紋狀體（ventral striatum）」的活動則變得旺盛起來。

也就是說，當感受到強烈嫉妒的對象遭遇不幸時，我們腦中便會感受到快樂。以及，猜忌心或嫉妒心越強烈，感受到的幸災樂禍程度就越高。

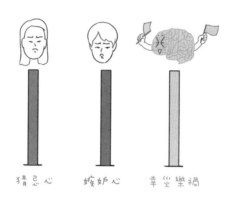

猜忌心　　嫉妒心　　幸災樂禍

所有人類都是嫉妒的化身。嫉妒由劣等感及自卑情結糾結而成，也是最人性化的情感。因此只要與他人做比較，就會產生嫉妒與幸災樂禍的心理。

　　在談到嫉妒時，我們不能不提到這個人：叔本華。叔本華對被稱為當代最偉大哲學家的黑格爾非常嫉妒猜忌，因此在柏林大學開課時，他選擇把課

開在與黑格爾的課同樣時間，正面挑戰他。不過結果他慘敗了，他的課堂上連一個學生都沒有出現。

據說，叔本華嫉妒了黑格爾一輩子，他甚至把自己的狗取名為「黑格爾」，心情不好的時候，就會痛罵狗並用腳踹牠。

不過嫉妒並不只是期望他人不幸的壞情感，因為只要好好活用嫉妒心，就能成為讓自己成長的養分。

──⟨ **幸災樂禍（schadenfreude）** ⟩──

看到別人的不幸或痛苦而感到快樂。

被愛妄想症越嚴重越危險？

─克雷宏波症候群─

　　偶爾有一些人，會荒唐地幻想對自己毫不關注的他人喜歡自己。這種人的症狀通常被稱為「被愛妄想症」。您可能不清楚這是怎樣的病，但事實上，這個症狀如過太超過，可能會變成嚴重的病。

　　這被稱為「克雷宏波症候群（de Clerambault's syndrome）」[※]，是一種愛情妄想，1921年法國

※：又稱為「情愛妄想症（Erotomania）」。

埃唐・加添・德・克雷宏波
Gaetan Gatian de Clerambault

的精神科醫師加埃唐・加添・德・克雷宏波（法
：Gaëtan Gatian de Clérambault）博士，以自己
的名字為該病症取名。克雷宏波症候群指的是相信
社會、經濟上比自己地位高的人愛戀自己的症狀，
這個研究是從找上博士的53歲女性患者開始的。

・原來讓世界運轉的法則是這樣！・

這位女性相信英國國王喬治五世愛著自己，因此她造訪英國多次，在白金漢宮外面等待他。有一次她看到宮殿窗邊的窗簾在動，認為那是國王傳達給她的信號，並主張全英國的所有人都知道這件事。

完美幻想世界

克雷宏波症候群與精神分裂症不同，除了愛情妄想以外，在日常生活上並沒有障礙。但因為自己喜歡的人是比自己更優秀的人，且對方並不喜歡自己，患者當然會覺得痛苦難受。這時只要「自我合理化」成不是我喜歡對方，而是對方喜歡我，就能從無意識的痛苦中解脫出來。再加上因為渴望愛情，因此周遭發生的所有情況，都會理解成是對方傳給自己的「訊號」。甚至有連對方的憎惡與蔑視也認為是愛的傾向。

42關鍵字　尋人

金某某 的 臉書
金某某 的 42關鍵字
金某某 畢業照
金某某 喜歡的照片

· 原來讓世界運轉的法則是這樣！ ·

過度的妄想與執著，有時會讓人無法正視現實。如果太超過，則會演變成跟蹤狂。美國知名深夜脫口秀的主持人大衛‧萊特曼，就有一位追著他跑長達五年的女性跟蹤狂。這位女性自認為自己真的是萊特曼的夫人，因此甚至帶著自己的孩子們一起出現在萊特曼家，並在駕駛萊特曼的汽車後被逮捕。

罹患這種「克雷宏波症候群」的患者，以及患者所執著的對象，全都都可能成為悲劇的受害者。

帶我走！
嗷嗷～

姐姐會好好疼愛你的♥

　　人們都想要獲得愛，因為當從某人那得到愛時，會感受到自己是有價值的人。不過當所愛之人不愛自己時，若陷入過當妄想，嚴重者變成跟蹤狂的話，就可能會引發犯罪行為。這種愛情的過度妄想，其實可以說反映出了人類渴求愛情的扭曲心理。

愛情饑渴

克雷宏波症候群（de Clérambault' s syndrome）

相信社會、經濟地位比自己高的人愛著自己的愛情
妄想。

第2章
工作和學習的法則

成功人士們為何感到自卑？

─冒牌者症候群─

　　有些人像娜塔莉・波曼一樣，即使能力充足，卻還是無法相信自己。不只她，《哈利波特》電影中的女主角艾瑪・華森、臉書的營運長雪柔・桑德伯格等，許多獲得卓越成功的女性都曾表白過成功後的不安感。艾瑪・華森如此吐露出自己的不安心情：

　　像這樣，在成功人士當中，也有些人擁有我們未曾料想到的兩種面孔。為什麼會這樣呢？1978年，美國喬治亞州立大學心理系的波林・克蘭斯（Pauline Clance）與蘇珊・艾姆斯（Suzanne Imes）集中研究了這個現象。他們將即使擁有卓越能力並在職場上取得成就，卻依舊認為自己愚笨的不安心理，取名為「冒牌者現象」，或「冒牌者症候群（imposter syndrome）」。有冒牌者症候群

的人，有無法確信自己擁有的能力、將成功的理由歸因於外在因素的傾向。

比我優秀的人那麼多，這並不是因為我的實力好。

只是偶然順利一次而已，都是托了周遭環境的福。

反正只是簡單的工作，我只是運氣好而已。

優等生　　　　藝人　　　　上班族

　　對自己的期待較高的人，相對來說對於失敗的恐懼也越深。因此在遇上最糟的情況時，為了減少自己接收到的心理衝擊，會有對自己評價過低的傾向。

比起男性，低估自己的冒牌者症候群，更容易出現在女性身上。醫學院教授史考林德讓學生們輪流進行手術後，請他們評價自己的手術能力。在教授的評價中，女學生的能力比男學生更優秀，但相反地，在學生自我評價的分數中，女學生的分數比男學生要來得低。

　　以數千名未來的政治家候選人為對象進行的調查結果也是如此。在資質相似的男女中，認為自己非常適合擔任公職的比例中，男性比女性高了60%。必須在他人面前做出自我評價，或在傳統上由男性支配的領域中，女性自我評價過低的現象更加明顯。

　　冒牌者症候群源於對被暴露看穿感到恐懼。因為對自己期待越高的人，對失敗的恐懼也越大。且因為害怕失敗，因此不由得會去想像遇上最糟情況

時的狀況。

　　世上沒有完美的人類，再怎麼成功的人，在背地裡總是會有不足的一面。比起躲在面具後逃跑，不害怕失敗、直接面對它反而更是走向成功的捷徑也說不定。

冒牌者症候群（imposter syndrome）

即使具有卓越能力且在職場上有所成就，也認為自己很愚笨的不安心理。

如何說服很難被說服的對象？

—午宴技巧—

我們的人生由接連的說服構成，在戀愛時、在面試時都得要去說服。不過要怎麼樣才能輕鬆地說服他人呢？這個祕密就是「吃飯」。也就是說，若一起用餐就會變得容易說服，這個秘訣正是「午宴技巧（luncheon technique）」，「luncheon」與「lunch（午餐）」是同樣的意思，不過指的是菜單豐盛實在的午餐。但真的只要一起吃飯，對方的

意見聽起來就會充滿善意嗎？

　　抱持著這個疑問的心理學者葛瑞格利・拉茲蘭
（Gregory Razran）進行了實驗，他讓大學生們聽
了幾種政治主張。此時，提供東西給其中一組受試
者吃，另一組則沒有提供。結果，邊吃東西邊聽主
張的該組學生們，對其主張有更善意的評價。

　　在25年後的1965年，耶魯大學的心理系教授

艾爾芬‧L‧詹尼斯（Irving L. Janis）為了補足這個實驗的缺點，再次以大學生們為對象，進行一項新的實驗。他將學生們分為兩組，一組邊喝可樂或吃花生、邊讀評論，另一組則在沒有零食的狀態下閱讀評論。

在實驗中，受試者們閱讀的評論內容為「欲發現癌症治療法，需花費25年」、「美國軍事能力可能減為85%以下」等根據薄弱的內容。那麼，在哪種實驗條件下的學生們更容易改變自己的想法呢？這次也與拉茲蘭的實驗一樣，邊吃零食邊讀評論的

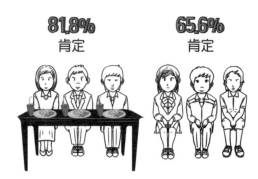

食物與說服實驗

81.8%
肯定

65.6%
肯定

實驗筆記整理 ▶ 吃了花生、可樂等簡單零食的一組,比什麼都沒吃的組別,對於主張或評論會有較肯定想法。

學生們,有更多人轉變想法為肯定這些評論。

　　並不是只有吃美味的料理才能得到午宴技巧的效果。除了食物以外,只要能讓人覺得愉

快，就能誘發與其相關事物的肯定反應。這種現象在心理學上稱為「聯想的原理（principle of association）」，美味、快樂的情緒及體驗，會給當下分享的話題或對象帶來好感。不過對方變得容易說服的同時，自己同樣也會變得容易被說服，這點可不要忘囉？

─◁ **午宴技巧（luncheon technique）** ▷─

一起吃飯會更容易說服人。讓我們變得愉快的事物，能誘發人在與其相關的事物上做出正面反應之理論。

我把這個蘋果給你，拜託讓我漆一次好嗎？
因為湯姆的一句話，漆油漆不再是懲罰，
反而變成了非常有價值的工作。
只有特別的孩子才能漆油漆
특별한 아이만 가능한
페인트칠하기
其他的朋友們也全都中了湯姆的圈套，
甚至拿出玩具給湯姆作為代價，排隊來幫籬笆漆油漆。
湯姆・索耶早就知道這件事嗎？
當工作變成遊戲時，做起來就十分有趣愉快呢。

將討厭做的事變得享受的方法？

─湯姆・索耶效應─

丹尼爾・賓克
Daniel Pink

不管再怎麼喜歡的事情，只要是別人指使的，做起來就不會有趣。那麼要怎麼做，才能讓討厭做的事變得愉快呢？身為神經科學家暨未來學者的丹尼爾・賓克（Daniel Pink）將若因覺得有趣而用自發

性的動機來擔任工作，即使是同樣的工作，也能愉快勝任，稱為「湯姆‧索耶效應（Tom Sawyer effect）」。

行為經濟學者丹‧艾瑞利（Dan Ariely）與他的同事喬治‧羅芬斯坦（George Loewenstein）、卓瑞森‧普瑞雷克（Drazen Prelec）為了證明湯姆‧索耶效應，進行了簡單的實驗。

丹‧艾瑞利
Dan Ariely

喬治‧羅芬斯坦
George
Loewenstein

卓瑞森‧普瑞
雷克
Drazen Prelec

他們問其中一半的受試者們，如果要繳交2美元的費用參加詩歌朗誦會，是否有意願參加，接下來再問下一週有免費的詩歌朗誦會，問他們要不要

參加。對另一半的受試者們，則先問他們有沒有意願拿參加可拿到2美元朗誦會後，再問下週有免費的朗誦會，是否會參加。

結果如何呢？要繳錢才能參加的話，學生們一開始的回答只有3%參加意願，但對於下周的免費朗誦會出席意願，則足足增加到35%。相反地，會獲得金錢報酬的學生們一開始回答有59%的參加意願，但當問到隔週的免費朗誦會時，只有8%回答會參加。

同樣的免費詩歌朗誦會，造成參加人數產生35%與8%差異的原因究竟是什麼呢？那就是，即使是同一件事，也會因前述的經驗與提問不同，而使該事件的價值變得不同。也就是說，不管是什麼事情，重要的是創造出價值讓人去做那件事。如果您有討厭去做而不斷推延的事，那麼今天就來像湯

· 原 來 讓 世 界 運 轉 的 法 則 是 這 樣 ！ ·

140

姆·索耶一樣，把事情變成有趣的遊戲如何？

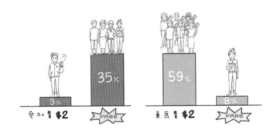

免費詩歌朗誦會參加實驗

3%　35%　59%　8%

參加費 $2　FREE　車馬費 $2　FREE

> **實驗筆記整理**　一開始聽到要繳兩塊錢去參加詩歌朗誦會的組別，在之後的免費詩歌朗誦會有35%的參加意願，相反地，一開始提案出席詩歌朗誦會就能拿到兩塊錢的組別，在之後的免費朗誦會只有8%表示會出席。

湯姆·索耶效應（Tom Sawyer effect）

覺得有趣而以自發性的動機擔任工作，即使是同一件事也能變得享受。

跟著別人走就沒問題了？
─旅鼠症候群─

　　覺得有某事物在流行時，所有人都會學該事物去做，結果真要選擇時，能選擇的幅度就被迫縮小。走到街上去看時也一樣，如果覺得最近流行炸雞，街頭巷尾就會一家接一家開起炸雞店，菜單相似的咖啡廳也開滿了整條街。

　　韓國過去10年間創業的自營業者，其生存率

顯示為僅有16.4%，意思是創業的店家六家中只有一家生存下來。認為跟著別人做是安全的並選擇這麼做，這樣真的是安全的嗎？

這麼說來，我們是從何時起產生了這種想法呢？想尋找這起源的話，就得回溯到原始的狩獵時代了。在狩獵時代，如果不跟隨集團行動，就會被群體排斥或無法避開危險，要生存下去是不可能的。因此人類的腦維持著群體的團結，並進化成會跟隨他人行動，以在群體中能安全生存。

　　不是只有個人會跟隨他人，企業也是一樣
的。企業主們只要聽到會產生利益，就一定會爭先
跳入該產業。因此競爭變得激烈，只有前幾名的企
業與店家生存下來，或得到全部陣亡的可怕結果。

　　這種某人開始做之後，其他人也盲目地跟著
做，最後自取滅亡的行為，被稱為「旅鼠症候群
（lemming syndrome）」。Lemming是生活在北
歐斯堪地那維亞半島上的一種田鼠，也被稱為旅
鼠。旅鼠知名的特點是，在其數量暴增時，會成群

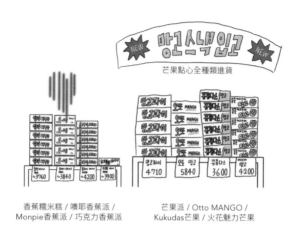

芒果點心全種類進貨

香蕉糯米糕 / 噢耶香蕉派 /
Monpie香蕉派 / 巧克力香蕉派

芒果派 / Otto MANGO /
Kukudas芒果 / 火花魅力芒果

結隊地從懸崖上跳入海中集體自殺。

　　至今仍不清楚旅鼠集體自殺的原因，但動物學者們將其解釋為以極端方式解決個體數增加的型態。而根據另一項見解，牠們集體自殺的原因是超速。旅鼠有成群行動的本能，因此當其中一隻茫然地往某個方向跑去的時候，剩下的旅鼠也會無條件跟隨。再加上牠們的本能無法曲線移動，怎樣都只

會直線

前進，而在

高速前進的情況下突然出現懸崖

峭壁時，因為停不下腳步，所以才

會墜落絕壁。

　　且後面跟來的旅鼠們以很快的速度推擠而

來，所以就算想停，也停不下來。這樣一來，結果

所有旅鼠們全都一起掉下山壁，只有死亡一途。看

到其他人做，就一同蜂擁而上的企業，以及想分一

杯羹的盲目投資……現在我們的模樣，就跟逕自向

前跑的旅鼠很像不是嗎？

> ### 旅鼠症候群（lemming syndrome）
>
> 有人先做的話，其他人也會盲目地跟隨，而導致自
> 取滅亡。

競爭率越高越努力？

─N效應─

　　您知道根據一間考場考生人數的多寡，考試成績也會不同這件事嗎？和許多人一起考試時，與和少少人一起考試時，哪種情況下會考得比較好呢？

　　２００９年，行為心理學者史蒂芬‧賈西亞（Stephen Garcia）與阿維沙隆‧托勒（Avishalom Tor）分析了美國學術能力測驗SAT的分數分布、

考試學生人數、考場個數等後，發現考試學生人數越多的考場，SAT分數越低的事實。

史蒂芬・賈西亞
Stephen Garcia

阿維沙隆・托勒
Avishalom Tor

賈西亞與托勒以學生為對象進行實驗。他讓學生們解八個問題，並表示會給解題最快且最正確的前20%學生5美元獎金。

並告訴其中一組的學生他們有十名競爭者，向另一組學生說明他們要與一百名學生競爭。結果與SAT考試一樣，被告知有十名競爭者的那組學生，比有一百位競爭者的組別要更快解開題目許多。

· 原 來 讓 世 界 運 轉 的 法 則 是 這 樣 ！ ·

150

事實上，兩組的學生全都是各自單獨在房中進行測驗。所以他們並沒有親自用眼睛確認競爭者數量，研究人員只是用講的告訴他們而已。但光是單純得知競爭者數量眾多這個事實，就讓成績下滑了。

競爭者與效率實驗

A 競爭者10人

B 競爭者100人

實驗筆記整理 在個別的房間中獨自一人參與試驗的兩組學生，各向他們說明有10名與100名競爭者後，被告知有10名競爭者的組別解題速度更快。

這種競爭者越多，想競爭的動機越下滑的現象稱為「N效應」，這裡的N指的是數量的意思。

為什麼競爭者數量越多，實力就越會低、想努力的動機就會下降呢？賈西亞與托勒從「社會性比較」中找到了答案。他們從另一個研究中發現了一點，越是有高度比較自己與他人傾向的人，出現N效應的可能性越高。

透過與他人的比較來評價自己的心理，被稱為

「社會性比較」，因此競爭者越多，自己就會越萎縮了。人的心理很奇怪對吧？也就是說，不是人多效率就會高。也許，N效果也會招來「人這麼多，我不做也可以吧」的心態不是嗎？

N效應
可能性高

N效應（N effect）

競爭者數越多，想競爭的動機就會下跌。

不管做什麼事都提不起勁？
─身心俱疲症候群─

　　2015年3月，發生一起一架德國民航機撞上阿爾卑斯山脈，乘客及空服員全員死亡的事故。事故原因十分驚人，這是一起副機長蓄意的自殺飛行。二十八歲的他當時因憂鬱症及無力倦怠而在接受治療中。專家們將他的憂鬱症稱為「身心俱疲症候群」（Burnout Syndrome，亦稱『過勞』、『倦

怠症』）。

　　全數燃燒殆盡（Burn out）之意的身心俱疲
症候群，指的是埋首於工作上的人訴苦自身極度
的身體、精神疲勞感，並變得倦怠無力的症狀。
最初為身心俱疲症候群命名的是活動於1970年代
的美國精神醫學家賀柏‧佛洛登柏格（Herbert
Freudenberger）。他從早上八點起在醫院看診到
晚上六點，下班後在免費診所中當志工直到晚上

十一點。在診所的工作結束後，因為要和員工們開會，因此經常要到凌晨兩點才下班。這種生活持續一陣子後，他漸漸變得容易冷淡嘲諷，不只對病患，對家人也無法好好用心對待。

家庭　　　　　　　　　　　　　病患

在原本決定放假出門的日子，結果他卻倒在床上一連睡了整整三天。從睡夢中醒來的他這才再次回顧自身，然後他將自己的不安、憂鬱、有氣無力的症狀取名為身心俱疲症候群。

我們暴露在壓力中的身體，會產生一種應付壓力的賀爾蒙—皮質醇。不過像身心俱疲症候群患者一樣長時間暴露在壓力下時，皮質醇的分泌會產生

呼呼……
燃燒殆盡了……
一片空白……

異常，使其無法正常發揮機能。所以罹患身心俱疲症候群的人，會成為對壓力無防備的狀態。

長時間勞動、連睡眠時間都不夠的我們，小時候在補習班，為了成績飽受折磨；成長為青年後，又為了就業拚死拚活；進入中年，為了不被裁員而每日掙扎著過活。一天一天如此慌張狼狽地活過來，怎麼可能不疲憊呢？

充電中

·原來讓世界運轉的法則是這樣！·

人也是需要充電的。與其過度專注於工作，不如暫時停下手邊的工作，環視一下周遭與自身怎麼樣呢？

身心俱疲症候群（burnout syndrome）

埋首於工作中的人，訴苦自己的身體、精神極度疲勞，並變得有氣無力的現象。

人生一擊保齡球男

為什麼我們經常被時間追著跑？
—霍夫施塔特法則—

　　在做某件事時，時間經常不夠，就算再給一週還是不夠，再給十天也一定還是會不夠一天。看來被截止日追著跑是人類的宿命也說不定。

　　所有事情都會比預期的還要花更久時間，這是萬古不變的真理。美國的認知科學家道格拉斯・R・霍夫施塔特（Douglas R. Hofstadter）將

即使預想到會比計畫延遲，也還是拖延的現象取名為「霍夫施塔特法則（Hofstadter' s law）」。

澳洲有一個與霍夫施塔特法則有關的極佳案例。主角正是提到澳洲時會最先被想起的建築物——雪梨歌劇院。澳洲政府花了700萬美元開始施工，計畫要在1963年讓歌劇院完工。但結果1963年人們有看到他們引頸期盼的歌劇院嗎？

即使讓歌劇院的規模比原先的計畫要縮減許多，還是比預期多花了十年，直到1973年才得以

開館。費用也比原先預期的多了十倍以上，花了1億200萬美元。

會出現這種結果，心理學者丹尼爾・康納曼（Daniel Kahneman）如此說明。

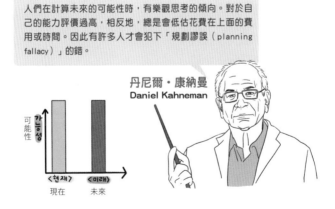

人們在計算未來的可能性時，有樂觀思考的傾向。對於自己的能力評價過高，相反地，總是會低估花費在上面的費用或時間。因此有許多人才會犯下「規劃謬誤（planning fallacy）」的錯。

關於霍夫施塔特法則與規劃謬誤還有另一個例子。1994年加拿大的心理學者羅傑・布爾勒（Roger Buehler）教授讓學生們假設自己完成畢業論文的最糟情況，請他們預測須要花多久時間才能完成。學生預測最悲觀的情況下，平均要花48.6天才能完成，但實際上他們花了55.5天。在自己預測的時間內完成論文的學生只佔了全體的30%而已。

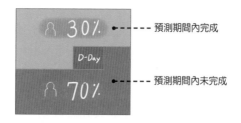

30% ------ 預測期間內完成

D-Day

70% ------ 預測期間內未完成

這也是對自身狀況樂觀判斷所造成的規劃謬誤。那如果集合所有的力量，會比自己一個人做事要來得更快完成嗎？答案是並非如此。規劃謬誤在集團中經常會更惡化。因為比起個人，集團會更加樂觀地去評價計畫。計畫只是最理想的劇本罷了，所有事情總是會比計畫來得延遲。

⟨ 霍夫施塔特法則（Hofstadter's law）⟩

即使預料到會比計畫還晚也還是又拖延；若將計畫細分為小部分則可以避免此現象。

我們需閒聊的原因？
─飲水機效應─

　　把在休息室喝杯咖啡認為是翹班的話，那是因為不知道「飲水機效應（water cooler effect）」才會這麼說的。有一個研究告訴我們，在有飲水機的休息室（茶水間）中的閒聊有多重要。

　　不管是在哪個組織，就算是甄選時能力或教育水準相似的員工，根據工作的組別不同，也會

出現成果的差異，MIT媒體實驗室（MIT Media Lab）的艾力克斯‧山迪‧潘特蘭（Alex Sandy Pentland）教授為了找出這個原因進行了實驗。2009年時，他在銀行客服中心的員工身上裝上追蹤裝置，蒐集他們進行溝通的數據。觀察六週的結果，發現成果佳的組別，其組員們會在會議室外進行更多的溝通。

潘特蘭教授以此為基礎，向客服中心的主管建議，將員工們的休息時間排在同時，讓他們能一起休息。這麼做之後，出現了令人難以置信的驚人效

果。與個別休息時不同，組員們一同休息時，所有人在休息室（茶水間）中聊了更多的天，分享了更多故事。結果，處理業務的時間也比平常更短了。

花更多時間處理業務的組別減少了20%以上的時間，客服中心整體減少了8%業務處理時間。同時，客服中心員工的滿意度也提高了。在休息室（茶水間）中閒聊並不會只是小小的雜談，而會成為比會議室更自由的溝通管道。

以在家工作而聞名的一個美國企業，在2012年撤回了這樣的工作形式。理由是因為，最棒的

決策或革新經常出現在公司走廊或餐廳中。也就是說，得要互相碰面進行工作，業務的效率才會增加。

　　從以前就有這樣的說法：最棒的資訊來自洗衣間。就像洗衣間一樣，在人們聚集的地方，就會有各式各樣的消息往來。公司裡的休息室（茶水間）就像過去的洗衣間一樣，既是所有資訊的共享之地，也是傳聞的起源地。在細碎的對話中蘊含著重要的情報，也會產生新的點子，這就是飲水機效應，所以閒聊也成了創作能量的根源。

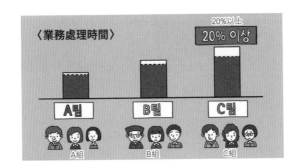

休息時間與效率實驗

〈業務處理時間〉

20%以上
20% 이상

A팀 B팀 C팀

A組 B組 C組

實驗筆記整理 組員們擁有共同的休息時間,一起在休息室中聊天後,本來業務處理時間較長的組別減少了20%以上的處理時間,客服中心整體減少了8%的業務時間。

飲水機效應(water cooler effect)

在公司中能邊喝水邊休息的空間中,員工間的溝通交流會變得活躍而產生的正面效果。

我們為什麼經常會拖延工作？
—死線效應—

　　雖然也有為了遵守截止日而每日持續工作的人，但有許多人總是要到截止日緊逼眼前了才完成工作。為什麼人們要到截止日為止才完成工作呢？

　　心理學者阿摩司・特沃斯基（Amos Tversky）與埃爾達・沙菲爾（Eldar Shafir）向大學生們表示，只要填完繳回長長的問卷調查，就給他們五美

元。但當截止期限定為五天時，有60%的學生給出了問卷調查並拿到報酬，相反地，沒有訂定截止期限時，只有25%的人交出了問卷調查。

工作+期限=執行率

結論是，如果想要提高某件事的執行率，訂定期限會較佳。因為大多數人在最終截止日期臨近時，有更集中於工作的傾向。這被稱為「死線效應（deadline effect）」。

死線（deadline）指的是不能超過的最終界

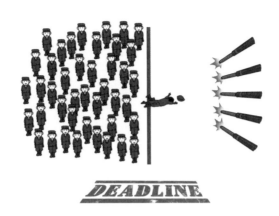

線，在戰爭中，指的是若俘虜或囚犯超過就會被槍殺的死亡之線。就像前面提到的，死線有提高工作集中力的效果，不過它並不是只有優點。就算是享

受開心的活動，如果訂定了截止時間，就會產生義務感，開始變得不想做。

因此行為經濟學者丹・艾瑞利與克勞斯・韋坦布洛克（Klaus Wertenbroch）在2002年研究了將死線的負面效應減到最低的方法。首先，他做了一個公告：「徵求幫忙評鑑其他學生寫作能力的英語母語學生」募集學生，並給他們約十頁左右的資料，請他們從中找出文法或拼音上的錯誤。

丹・艾瑞利
Dan Ariely

克勞斯・
韋坦布洛克
Klaus Wertenbroch

第一組設有最終截止期限，第二組則設定為分階段交件、每七天繳交一次共三次，最後一組則讓他們自行決定截止期限。

實驗結果，被指定一個最終截止期限的組別，不管是在嚴守截止日上、還是成果的品質上，全都是最差的。而分成三個階段提交的組別，在嚴守截止日及成果品質上都是最好的，不過從工作中感受到的快樂卻是最少的。

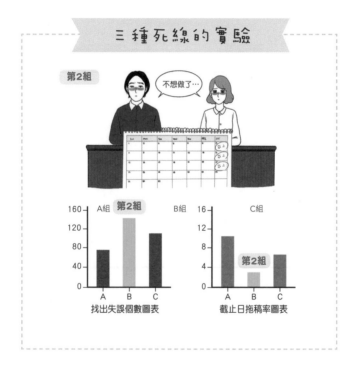

三種死線的實驗

第2組

不想做了…

找出失誤個數圖表

截止日拖稿率圖表

在心理學上，當人們認為處於緊急情況或必須快速完成業務時，會提高集中力，結果形成了死線效應。如果有事情必須要確實地去完成，那麼試著設下一個截止期限如何？自行決定一個最終截止日後，再根據工作量分成三階段設定期限的話，不就是最有效率的方法了嗎？

死線效應（deadline effect）

人們在最終截止期限逼近時，會更加專注於工作上。

比瘟疫更可怕的
現代人不治之症？
—週一病—

　　想請月休的星期一！不只上班族，對學生、無業人士等所有人來說，星期一就是疲倦一週的開始。每週一不請自來地找上我們的，就是週一病。帶來憂鬱、令人喪失熱情的週一病。究竟為什麼週一病每週都會出現呢？

　　週一病超越了國籍與世代，是所有人共同在

週一感到憂鬱的情緒，也可以用英文「藍色星期一（Monday blues）」來稱呼。世界人們的通病——週一病，對此各國都進行了研究。2004年，英國倫敦大學學院的保健醫學系研究小組發現了足以引發週一病的線索。根據研究人員以47到59歲的男女為對象，調查對抗壓力的皮質醇數值，發現從有上班的週一起到週四為止，皮脂醇的數值比週六或日要來得高上許多。

　　而在2009年，日本昭和大學研究小組在分析三萬兩千名受試者的紀錄後，發現男性在週一自殺

的機率比週末高出1.5倍以上的事實。在德國，提
到頻繁故障的物品時，會使用「週一的汽車」這樣
的表現，這是源於在週一被製造出來的汽車不結實
之意。

　　韓國的上班族們也經常在週一分心做別的
事，近來根據一間信用卡公司分析的資料，在週一
到週日，線上購物結帳湧入高峰的時間點是下班後
的晚上七點。不過週一卻不一樣，從週一工作時間

開始的早上九點起，線上購物的使用率便開始增加，到了中午時間後的下午兩點，購物件數更會暴增。因此有某些企業會讓員工週一在自家工作，也有公司把上班時間訂為下午兩點。

　　其實從週一到週四，不想工作與感覺疲勞都是一樣的，但為什麼只有週一特別會出現週一病呢？美國芝加哥拉許大學的研究顯示，即使只比平常多睡兩個小時，也會因一週的生理節律被打破，產生週一病。也就是說，週末比平常睡得多，會對週一造成影響之意。

這是因為人類的生理時鐘與生活時鐘不相符時會感受到疲勞的「社會性時差症狀」，由德國的生物學者提爾・隆納柏格（Till Roenneberg）提出這個概念。每個人具有的生理節律難以輕易調整，因此當生活節奏與自身生理時鐘不同時，便會感受到疲勞感。

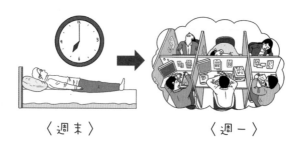

〈週末〉　　　　　　　〈週一〉

　　那麼，如果想要消除週一病該怎麼做才好呢？只要在週五下訂網購，將配送地址填為公司，那麼想到週一可以在公司收到宅配，週一病也會稍微減輕一些了不是嗎？

週一病（Monday blues）

每週一在肉體上、精神上感到疲勞的症狀。

墨守成規很危險的原因？

─水煮青蛙症候群─

　　有氣無力與安於現狀若持續下去會有多危險，您知道嗎？墨守成規的危險性不只在人身上，在動物身上也可以發現。

　　有一個以猴子為對象進行的相關實驗：在實驗中，讓四隻猴子共處一室，將香蕉掛在長竿子的頂

端一起放入房中。有一隻肚子餓的猴子想吃香蕉，便爬上竿子，結果灑水器中噴出了冷水，被水沖溼的猴子掉到了地板上。

同樣地，當其他的猴子想要爬上竿子摘香蕉時，也會被冷水洗禮一番。之後，就再沒有任何一隻猴子試著去摘香蕉了。在這時，將其中一隻猴子換成新的猴子。新進來的猴子一想要爬上去摘香蕉時，其他的猴子就會開始吼叫起來。

想要爬上去摘香蕉的新猴子雖然沒有被冷水

洗禮，但最後卻放棄了摘香蕉。之後，每當有新猴子進來時，這個情況便反覆出現。最後，就算在房中的猴子們面前放上香蕉，他們也不去吃了。像這樣，當習得有氣無力感後，就會變成什麼都做不到的存在了。

那麼最愛唱反調行動的青蛙又如何呢？在煮沸的水中放入青蛙，青蛙當然會馬上跳出來。但如果

猴子與香蕉實驗

實驗筆記整理 猴子為了摘取竿子上的香蕉而爬上去，結果被冷水噴淋，之後放棄了摘香蕉，並會向其他猴子喊叫讓牠們無法摘香蕉。結果後來即使香蕉放在眼前，牠們也不會去摘來吃了。

在冷水中放入青蛙，再慢慢把水加熱的話會怎麼樣呢？青蛙以為自己能好好適應熱水，結果當溫度上升到某個程度時，便無法跳出熱水外，就那樣死在水中了。

　　青蛙沒有認知到一步一步靠近的危險，這種對慢慢變化的環境無法及時應對而大禍臨頭的現象，被稱為「水煮青蛙症候群（the boiled frog syndrome）」。這起源於1869年德國生理學家弗瑞德・戈爾茨（Friedrich Goltz）進行的實驗。

　　那麼為什麼會發生這種事呢？這正是因為腦子的錯覺。人類的腦有往舒適安全的方向產生錯覺的傾向。相反地，面對嶄新且困難的事物時，會從心中產生害怕與不安。身為變溫動物的青蛙也是因為

邊適應了慢慢變熱的水、邊覺得舒適不是嗎？雖然
這份舒適也伴隨著看不見的危險就是了。

　　水煮青蛙症候群經常被用來強調即使是微小的
環境變化，如果不去積極應對的話，會造成怎樣的
結果誰都不能保證。當然，就算是在冷水中放入青
蛙並慢慢提高溫度，也不是所有青蛙都會死，還是
有一些會嚇到逃出鍋子外的青蛙。

繼續待在水裡的青蛙與逃脫出來的青蛙，您是哪一種青蛙呢？

水煮青蛙症候群（the boiled frog syndrome）

無法及時應對慢慢變化的環境，而遭遇大禍。

毫無根據的自信感

無知可以增加勇氣的原因？

─達克效應─

　　不知道到底以什麼為出發點來相信、毫無根據的自信感，這種「莫名自信」是從哪裡產生的呢？

　　1995年，在美國有一名無謀到可說是無知的銀行搶劫犯。他在大白天搶劫了銀行，但這名搶劫犯實在太過落落大方。在完全沒有遮住臉的情況

下，露出整張臉搶了錢逃跑。

雖然他從現場逃走了，但監視器清楚地拍到了他的臉，並透過電視節目向全國播出，結果在播出一小時內，就逮捕了這名搶犯。被逮捕的搶犯說了這番話，似乎不知道自己為什麼會被逮捕：

真是難以置信！我明明就在臉上塗了檸檬汁！塗了檸檬汁就會變透明，你們是怎麼看到我的啊？

他真的相信檸檬汁有透明墨水的效果。因為這荒唐的自信，所以才無法察覺到自己做錯了什麼。

素顏

明目張膽的
露臉搶犯

1999年康乃爾大學的社會心理系教授大衛・鄧寧（David Dunning）與他的弟子賈斯汀・克魯格（Justin Kruger）注意到這個事件。他們提出了一個疑問：難道有許多人的自信感是源自於無知與

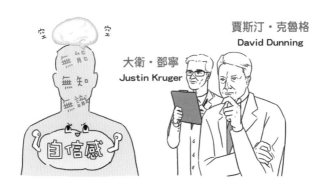

賈斯汀・克魯格
David Dunning

大衛・鄧寧
Justin Kruger

無能嗎？因此他們以康乃爾大學的學生為對象，進行了邏輯推理考試，並請他們寫下他們自己預期的成績。結果他們發現一件事：成績越低的學生，越高估了自己的能力。

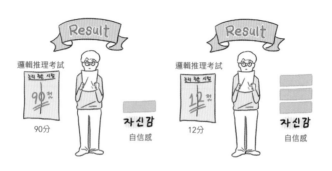

最低分群的25%學生們，實際上他們考出的分數只有12分，但預計自己會得到68分。相反地，最高分群的25%學生們，卻將自己評價得比實際能力低，即使實際考出的分數超過90分，他們卻認為自己連80分都拿不到。

即使得出了錯誤的結論，仍因無知或無能，而無法察覺自己的失誤，這被稱為「達克效應（D-K effect），全稱為鄧寧–克魯格效應（Dunning–Kruger effect）」。

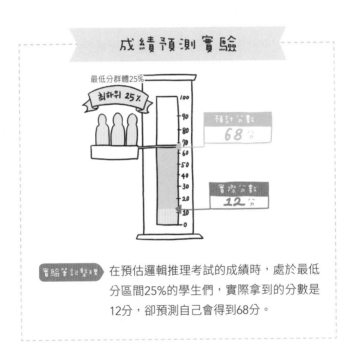

成績預測實驗

最低分群體25%

최하위 25%

100
90
80
70
60
50
40
30
20
10
0

預計分數
68分

實際分數
12分

實驗筆記整理 在預估邏輯推理考試的成績時，處於最低分區間25%的學生們，實際拿到的分數是12分，卻預測自己會得到68分。

有一句話叫做無知即勇敢。即使自己做的事導出了錯誤的結論，也會因為沒有能力，而察覺不了自己的失誤。

一起工作時，若領導者是沒有能力的人，我們會因他的過份自信而感到疲憊，但領導者如果是有能力的人，反而會低估自己的實力而過於慎重，我們也可能因此覺得煩悶鬱卒。您想跟怎樣的領導者一起工作呢？

達克效應（Dunning Kruger effect）

即使得出了錯誤的結論，還是因無知或無能，而無法察覺自己的失誤。

「第2年的厄運」
為什麼會發生？
─迴歸平均值─

　　據說對運動選手來說，經常會出現「第二年魔咒」。就算是表現優秀的新人選手，到了第二年時成績也會輕易下滑。暢銷作家或金曲歌手，在下一次的作品得不到矚目時，必定會被說是第二年魔咒。在第二年或下一次作品中失敗，是因為無形中的負擔感嗎？到底為什麼會產生第二年魔咒呢？

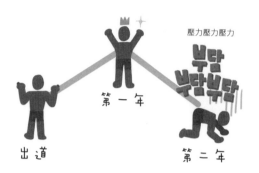

壓力壓力壓力

出道　　第一年　　第二年

　　行為經濟學家的始祖丹尼爾・康納曼，曾以色列空軍的飛行教官為對象，教導他們有效率訓練的心理學。主要內容為，比起懲罰錯誤，獎勵做得好的事會更有效。

　　不過講課現場則有人反駁，若稱讚飛行訓練做得好的學生，下次飛行時就經常會飛得不好，如果責罵訓練中做不好的學生，下次就經常會做得很好，認為比起獎勵，懲罰更加有效。聽到這後，康

新手飛行士官的訓練結果也跟當天的運氣有關係呢。新手飛行士官在極為漂亮的著陸後，下次的著陸只有普通水準的可能性很高，如果前一次著陸得很吃力，則下一次著陸時稍微變好的機率也很高。這是因為「迴歸平均值」的關係。

丹尼爾‧康納曼
Daniel Kahneman

〈飛行成功方程式〉

才能 ＋ 努力 ＋ 運氣

納曼這麼說了：

他所說的「迴歸平均值（regression toward the mean）」指的是極端或超出常規的結果具有往平均方向迴歸之傾向。所以對新手飛行士官來說，

訓練結果不是因獎勵或懲罰而產生影響，而是往自己的平均靠近，也就是回歸平均的現象。

最初提出這個概念的人是查爾斯・達爾文的表弟──法蘭西斯・高爾頓爵士（Sir Francis Galton）。高爾頓認為，就像動物會根據品種的不同，讓好的特性被遺傳下來一樣，人類也會讓知識或身體上優秀的血緣流傳下來。因此1886年他調查了父母與長大成人的子女的體格，結果發現，個

子高的爸爸雖然確實會生出個子高的兒子，但也有意想不到的的情況。那就是結果呈現出：高個子爸

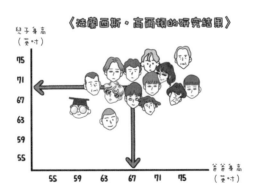

爸生出的兒子身高比爸爸還矮、矮個子爸爸生出兒子身高比爸爸還高的傾向。換句話說，高個子等特徵，會隨著世代交替，漸漸往平均靠攏。

有研究資料表示，新加入隊伍的選手在第一年跑得很快，但在下一年卻比賽表現結果不佳。總被提起的第二年魔咒，事實上就是因對第一年優秀表現的自滿，以及疲勞累積等而造成的現象。如果自己沒有經過相當大的努力，努力到足以確信自己確

AVERAGE SCORE

70

平均分數70

STAGE 1　80分　　STAGE II　30分　　STAGE III　100分

實實力有所增長，那麼第二年魔咒就真的只是迷思而已，只是迴歸平均的過程。就像人生中有高潮也有低潮，有下雨的日子也有放晴的日子一樣。

迴歸平均值（regression toward the mean）

極端或例外的結果，都有往平均值方向迴歸的傾向。

第 3 章

生活的法則

為什麼執著於限定款？

―虛榮效應―

我們在各處都能看到「季節限定」、「首刷限定」等「限定版」字眼，人們到底為什麼會對限定版如此執著呢？

過去有一款名牌包，因為一度每三秒就有揹著這款包包的人走過，所以被稱為「三秒包」。一開始大家都在揹，所以人人都買了，但從那一刻起，

名牌特有的稀有性就消失了。從那時起，人們開始把目光轉到別人買不起的高價名牌上。

　　1950年經濟學家哈維‧萊本斯登將迴避多數消費者所購買的產品的現象取名為「虛榮效應（snob effect）」。「snob（勢利）」一詞用來諷刺裝得很了不起的人，他們不買人們常買的東西，想把自己與他人做出區別的模樣庸俗虛榮，因此稱為「虛榮效應」。除了用來指稱購買與常人差別化的商品，當特定商品的消費增加時，對該產品的需求反而減低的現象，也被稱為虛榮效應。

　　近來，以虛榮效應為基礎的「稀有性行銷」備受矚目。甚至有研究結果顯示：景氣越差，對稀有性商品的喜好度越高。有一個與此相關的實驗：將學生分為兩組，請其中一組回想經濟情況困難的時期，請另一組回想過去經濟狀況富裕的時期，然後請他們選擇自動販賣機中的巧克力。販賣機裡放入了兩種不同的巧克力，且兩種巧克力配置在販賣機中的比例差異非常大。一種在總共十格的排面中佔了八格，另一種佔了兩格。

春季飲料

限定版保溫杯

限定版日記

　　實驗結果如何呢？回想起經濟情況困難時期的組別，有71％選擇了僅佔兩格的稀有巧克力。相反地，回想經濟情況富裕回憶的組別，只有36％選擇了稀有的巧克力。

巧克力自動販賣機實驗

選擇稀有巧克力者

71%

實驗筆記整理　回想經濟情況富裕時期的組別，只有36%
選擇了自動販賣機中稀有性高的巧克力，
相反地，回想經濟情況不佳時期的組別，
有71%選擇了稀有性高的巧克力。

如實驗可見，限定販賣與稀有型行銷在經濟變差的時期，有著強力的效果。

在購買物品時，因追求自我個性的決策，而對特定產品的消費增加時，該產品的需求減少之現象。

為什麼我們只聽自己想聽的話？
—雞尾酒會效應—

　　有時候在吵鬧的地方，聲音卻字字聽得清楚。耳朵明明是正常的，為什麼會發生這種事呢？這種選擇性聽到自己想聽的字眼的聽力是有原因的。

　　發現這個點的人是認知心理學家科林・切爾

瑞（Colin Cherry）博士。1953年，他在英國機場的管制塔台中，觀察航空管制員們如何聆聽報告內容。在管制塔台中，會透過一台擴音器，同時接收播放多名飛行員的報告。

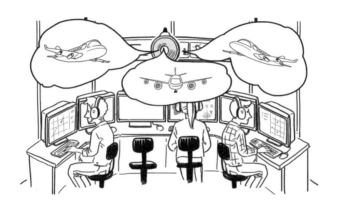

在觀察後他們發現一件事：擴音器中同時有兩人的聲音進來時，航空管制員大部分只會專注聽其中一個聲音。且發現，根據聲音的語調、速度、說話者的性別不同，接收到對方的訊息也會變得不同。

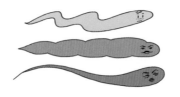

　　這個現象不只出現在航空管制員等特定職業者身上，在日常生活中也頻繁地發生。舉例來說，即使在喧鬧的地方對話，只要是自己關注的話題，或依稀聽到有人在叫自己時，也會即刻好好做出反應。

　　為什麼會有這種事呢？正是因為人類的腦一次能夠處理的資訊量是有限的。因此除了自己在意的事物外什麼都聽不見也看不見，且只有想聽到的東西能更加確實聽到。

· 原 來 讓 世 界 運 轉 的 法 則 是 這 樣 ！ ·

228

　　科林・切爾瑞博士將這種現象稱為「雞尾酒會效應（cocktail party effect）」。在坐地鐵時即使正在打瞌睡，自己要下車那站的廣播卻會好好傳進耳裡，這正是雞尾酒會效應。

雞尾酒會效應（cocktail party effect）

即使在吵鬧的場所中，也能選擇性地聽到自己想聽或是關注的話語的現象。

各位好，現在有從未出現過的罕見傳染病正威脅著我們社會。
這個傳染病若發病，預計將會有600人死亡。
健保當局提出了幾種策略。

那麼接下來再提出其他策略。
若選擇策略C，會有400人死亡

策略C

相反地，策略D是沒有人死亡的機率為1/2，全數死亡的機率為2/3。
期待各位的合理選擇。

啊，這次有78%的人選擇了策略D！

無法做出合理選擇的原因？
─框架理論─

　　前面看到的故事，是心理學者丹尼爾‧康納曼與阿摩司‧特沃斯基實際進行過的傳染病對策選擇實驗。但不覺得有些地方奇怪嗎？「600人中200人生存」與「400人死亡」是一樣的意思。同樣地，「全體獲救的機率為1/3」以及「沒有任何人死亡的機率為1/3」也是同樣意思。只是換句話來說而已，為什麼投票結果會如此不同呢？

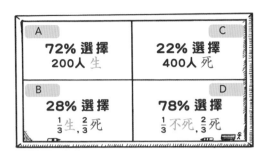

在實驗中我們要矚目的是，即使是同樣的問題，根據問法的不同，我們的選擇也會變得不同。當結果是好的時候，人們喜歡迴避危險及偏好確實的事物。相反地，當結果是負面的時候，比起確實的事物，更會選擇賭一把。這種根據表現框架的不同，喜好度也不同的現象，稱為「框架效應（frame effect）」。

意指邊框、框架之意的「frame」一詞，於1974年由社會學家厄文‧高夫曼（Erving

厄文·高夫曼
Erving Goffman

Goffman）在《框架分析》這本書中初次提出。

人們在觀察或解釋事物時，會隨著認知的框架，也就是自己的價值與觀點不同，而做出不同解釋。這被稱為「framing theory」，也就是「框架理論」。

在看新聞時，對於某一件事實，也可以根據特定的觀點來重新架構。而對於像是在競爭般滿溢出來的媒體資訊，大眾們也會照單全收，並以這些接收到的資訊來判斷該事件。

因此新聞必須要報導客觀的事實，因為根據影像選擇的不同、構成新聞報導的單字不同，對於事

實的解釋與評價也會變得不同。究竟我們每天看的新聞真的在報導客觀的事實嗎？是沒有，還是無法去報導客觀事實呢。

綻放於戰爭中的
友誼之花

框架理論（framing theory）

意指人們在觀察或解釋事物的時候，會根據自己的價值與觀點而有不同解釋之理論。

我為什麼這麼不順？

—墨菲定律—

　　約定的時間遲到時，公車一定不會來，或是把雨傘放在家裡出門時，就會下起雷陣雨，這種連環的不幸應該不論是誰都曾經驗過一次。在指稱這種反覆的倒楣情況時，我們經常使用「墨菲定律（Murphy' s law）」一詞。

　　墨菲定律這個名稱是怎麼產生的呢？它源自

於一位美國的航太工程師——愛德華・A・墨菲（Edward A. Mur-phy, Jr.）。1949年，美國空軍透過火箭滑道（rocket sled）觀察人類如何承受加速度。墨菲開發了緩衝實驗的感應裝置。不過因為助手連接錯了機器，因此實驗以失敗告終。

對此，墨菲如此表示。

這就是墨菲定律的由來。而墨菲之後也成了禍不單行的標誌。

但仔細觀察會發現，這一切並不只是運氣的問題而已。平安無事結束的事件並不太會留在記憶裡，但遭受損害或發生倒楣的事件時，卻會清楚地留在記憶中。這被稱為「選擇性記憶」，因此越是容易想起來的事件，便越相信該事件發生的機率

高。以這種選擇性的記憶來思考的話，就會讓毫無
關聯的事情被連結在一起。

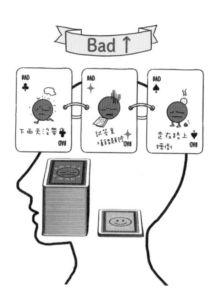

　　當找不到需要的東西、公車剛好都不來、連聯
誼的對象都讓人失望時，就確信壞事果然會一連串
地發生，但，這只是偶然地運氣不佳而已。

墨菲定律（Murphy's law）

事情沒有輕易解決，且越做越糾結不順時使用的用語，因選擇性記憶，而更易記住壞事的發生。

為什麼無法和長時間交往的戀人分手？

─沉沒成本謬誤─

即使股價持續下跌也無法下手賣出、穿新鞋磨到後腳跟都破皮了還是不脫下來，理由是一樣的，正是因為想要追求回本。覺得至今投入的錢、努力可惜，所以無法放棄。這種已經投入後無法回收的費用稱為「沉沒成本」。

有一個與此相關的有趣實驗：繳交一萬韓幣

（約台幣兩百七十元）吃吃到飽的人，以及拿免費餐券進去吃吃到飽的人，哪一方會吃比較多呢？

　　實驗結果顯示，兩組的進食量呈現出相當大的差異。花錢進去的組別，就算吃完後撐到拉肚子，也盡可能把所有盤子都清空了。這是美國的行為經濟學家理察・塞勒（Richard Thaler）進行的實驗。透過這個實驗可以知道，人們有在做某件事上不願以赤字結尾的心理。舉例來說，買了九千韓幣（約台幣兩百四十元）的電影票，結果因為別的事情而看不到，因此心中產生了「九千韓幣的赤字」。

同樣地，花了一萬韓幣吃吃到飽的與免費入場的人不同，因為花了錢，所以在吃東西時便覺得要吃回本才行。就算肚子實在太撐，撐到要去藥局花錢買胃藥來吃也是。這是因為覺得成本可惜，所以即使做出的選擇會帶來其他損失，比起損失，我們更會執著於已投入的成本。

吃到飽餐廳實驗

一萬韓幣　　　　　　　　免費餐券

實驗筆記整理　在吃到飽餐廳中付費入場的人，比免費入場的人吃的量還要多。

這被稱為「沉沒成本謬誤（sunk cost fallacy）」，也被稱為「協和效應（Concorde effect）」。協和效應一名源自協和號飛機，協和號飛機是法國與英國合作製造出的世界首架超音速客機，從倫敦飛到紐約只需要三個小時。不過因為過量的燃料消耗、噪音以及昂貴的機票費用，因此搭乘的人數少，使其為萬年赤字所苦。

事實上，這個問題在飛機開發前就已經被預料到了，但即使如此，因為過去一段時間已投入了開發費用，所以無法輕易放棄。結果，協和號客機不得不於2003年為二十七年的營運畫下句點。

　　沉沒成本謬誤不只出現在金錢相關的領域，在苦惱是否要與長久交往的戀人分手時心裡無法輕易下決定，或許也可以說是沉沒成本。至今為止的交往歲月與各種情感交織，所以才無法輕易下定決心。在我們的日常生活中，不知不覺間就會犯下沉沒成本謬誤的錯。

沉沒成本謬誤（sunk cost fallacy）

為了挽回過去所支付、不可回收的費用，而蒙受更大損失的現象。

我也是選擇困難者？

—哈姆雷特症候群—

買衣服的時候拍照向朋友詢問意見，或在選擇午餐吃什麼時用手機APP幫忙代為決定等，現代人之間流行的病（？）正是「選擇困難」。選擇困難是個新創詞彙，指的是在各種選擇中做不出選擇的狀態。那麼，究竟我們會出現選擇障礙的原因是什麼呢？

管理學教授希娜·亞格爾（Sheena Iyengar）在超市擺了兩種果醬試吃攤進行實驗，觀察人們如何進行選擇。

第一個試吃攤位上放了六種果醬，另一個試吃攤上則陳列了二十四種果醬。實驗結果顯示，路過的顧客中有60%在備有二十四種果醬的試吃攤上嚐了果醬後離開，不過果醬的銷售狀況卻與預想的想的完全不同。

果醬6　　　　　　　果醬24

· 原 來 讓 世 界 運 轉 的 法 則 是 這 樣 ！ ·

250

在備有二十四種果醬的試吃攤上試吃過的顧客，其中只有3%買了果醬，但在擺了六種果醬的

果醬6　　　　　　　　果醬24

30%-購買　　3%-購買

實驗筆記整理　在擺放六種果醬的試吃攤與擺放二十四種果醬的試吃攤中，備有二十四種果醬的攤位雖然試吃的人較多，有60%的人進行了試吃，但實際上購買的顧客只有3%，與備有六種果醬攤上30%的購買率產生差異。

試吃攤上試吃過的顧客，卻有30%買了果醬。究竟為什麼結果上會出現這麼大的差異呢？

這是因為選擇太多時，選起來既麻煩，又怕之後會後悔，因此反而難以輕易下決定。所以在近來如洪水般的選擇中，人人都在吶喊自己有選擇障礙。也可以用「哈姆雷特症候群（Hamlet

syndrome）」來稱呼這種狀態，暗喻在選擇過度
多樣的情況中，這也無法決定、那也無法決定的消
費者心理。

每天都有新資訊大量湧入富裕的現代社會，在
這樣的現實中，我們的選擇障礙今日依舊持續著。

選擇困難／哈姆雷特症候群（Hamlet syndrome）

在有多種選擇的情況中無法做出決定，往後推延或
乾脆交給他人做決定的消費者心理。

※：約台幣530元。

我們為什麼會被標價所欺騙？
―左位數效應―

在購物時，經常可以看到如99元或199元等價格尾數為9的商品。且任誰應該都有過看到這種價格後，覺得便宜而衝動購物的經驗。其實，這些數字與整數只不過差了1元左右而已，為什麼我們會被標價給騙了呢？

有一個價格引導消費者選擇的實驗：讓兩組學

生選擇兩種筆，筆的價格各為2美元及4美元，在第一組中，2美元的筆價格沒有異動，4美元的筆則標示為打折後3.99元。在第二組中，4美元的筆價格不變，2美元的筆則打折後貼上1.99元的標價。那麼學生們會選擇什麼筆呢？

在第一組中，有44%的人選擇了貴的筆，相反地，第二組中只有18%選了貴的筆，為什麼會這樣呢？

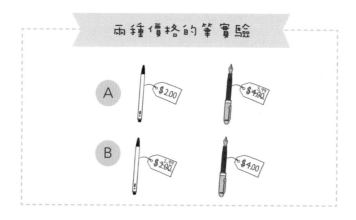

在2美元及4美元的組別中，若只有4美元的筆折扣價變為3.99元時，有44%的人選擇了4美元的筆；若只有2美元的筆折扣完變成1.99美元時，只有18%的人選了4美元的筆。

出現這種選擇差異的原因是因為「左位數效應（left digit effect）」。人的眼睛通常是從左側往右側看過去的，因此在比較2與3.99時，會覺得2與3所突顯出的價格差異不大。但在比較1.99與4，因為只著重於看1與4，所以會覺得價格差異較大。

將2萬韓幣的商品價格設為19900元也是看準

了這個效應，雖然只差了100韓幣，但第一位數字是1時，與2相比有相當大的差異。

　　且使用魔法的數字9還有另一個原因，有一間美國的女性服飾公司拍攝了三種型錄進行實驗。他們將同一件衣服各標示為34美元、39美元及44美元，調查其銷售量。

　　結果，標示為39美元時比標示為34美元時還要賣得多，且在三者中銷售量最高。原因是什麼？因為就算不特意標示為折扣價，我們在心理上也會將9結尾的數字認為是打折後的價格。

不過並不是所有商品都是這樣，魔法的數字9也有使不上力的時候。以電視購物來說，即使是差不多的最新款商品，價格比較貴的卻會更受歡迎。因為最新款商品如果以折扣價來販售，會讓人覺得不知為何像是有瑕疵的東西，反而會對商品起疑心。因此這種情況下，價格高的產品會更有人氣。結論是，標價中含有各種衝動購物之神的計謀在內。

左位數效應（left digit effect）

比起右側數字，更易注意左側數字之傾向，因此若左側數字小，則判斷價格更便宜之效應。

我為什麼經常覺得憂慮？

―情感預測―

　　十幾歲時擔心考試成績、二十幾歲時擔心就業問題、五十幾歲時擔心老年後後的準備……，且如同「知多是病」※這句話一樣，看到新聞時便會不由自主地產生不安與恐懼。在一個煩惱結束後，又有另一個煩惱湧來，我們一輩子都活在擔憂的波濤中。

※：韓文中有句話「無知是藥、知道是病（모르면 약이요 아는 게병）」，比喻知道的事少煩惱少、眼不見心不煩、無知是福。

。原來讓世界運轉的法則是這樣！。

因此利用現代社會對未來的害怕與擔憂的恐懼行銷正盛行著，現在幾乎有發展成一種產業的趨勢。

舉一個利用擔憂進行恐懼行銷的案例：在美國加州巴斯托見有一座名為「Terra Vivos」，為防備地球毀滅之日而建的地堡。這座地堡被設計為可抵擋核戰、超級病毒、大地震等巨大災害，甚至連生化攻擊與放射線都能擋下。在鄰近韓國的日本也在販售避難所，即使價格超過兩億，在日本大地震後，銷售量還是增加了70%。

人們會過度擔心，是因為低估了自身的適應能

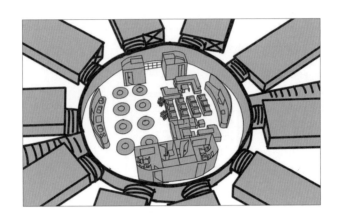

力。一般人在事件發生之前就會開始擔心，並認為如果該事件發生，似乎會是極大的不幸。不過若實際上遭遇該事件，還算有辦法可以承受。

人們認為若負面的事情發生，則擔心會比實際上更加不幸，對於正面的事情，則期待比實際上有更誇張的幸福。心理學家提姆・威爾森（Tim Wilson）與丹尼爾・吉爾伯特（Daniel Gilbert）

將此稱為「情感預測（affective forecasting）」。

　　接下來要讓各位看一個情緒預測的例子，首先選出對蛇抱有恐懼感的人，讓他們看蛇；選出有幽閉恐懼症的人、讓他們站在窄小的壁櫥裡。而實驗結果得到一個結論：對於覺得恐怖的對象，實際上的經驗比受試者們預測的還要來得不恐怖許多。

　　人們因為這種情緒預測，會犯下預測情緒比實際上更誇張的謬誤。在遭遇該事件前過度期待或過度憂慮，但實際上真的碰上時，幸福或不幸的程度要來得弱上非常多。作家厄爾尼‧佐林斯基如此敘述擔憂。

　　「我們的擔憂，有40%是在擔心絕對不會出現在現實中的事情，有30%是擔心已經發生的事情，22%在擔心瑣碎的小事，有4%是擔憂以我們的力量毫無辦法處理的事情，只有4%是可以用我

們的力量來改變的事情。」

也許我們正為了現實中絕對不會發生的事自尋煩惱，現在就把過度的憂慮交給解憂娃娃（worry dolls）如何？

情感預測（affective forecasting）

人們因低估自己的適應能力，因此錯以為正面、負面事件的餘波會持續得比實際來得久。

海帶湯，海帶

人們為什麼會迷信？
─錯覺的因果關係─

　　「考試當日喝海帶湯會落榜」※、「數字四不吉祥」、「用紅筆寫名字會死」……在生活中，人們相信著各式各樣的迷信。這些迷信是從哪裡開始的呢？

　　「用紅筆寫名字會死」這個迷信，起始於古早的中國。在古代中國，會研磨名為朱砂的紅色石

※：韓國人有考試前不能喝海帶湯的禁忌，因為海帶滑溜溜，所以考前喝海帶湯就會「滑」鐵爐落榜。

頭作為顏料使用，當時迷信用這種紅色顏料寫自己的名字，就能無病長壽。渴望長生不老的秦始皇想獨佔這點，因此威嚇表示要殺死用紅色顏料寫名字的人。之後，只要一般百姓用紅字寫名字，立刻就會被抓去處刑。從此開始了用紅筆寫名字會死的說法。

　　許多人認為數字四莫名不吉祥且倒楣。其實這是因為中國的漢字「死」字的關係，不過四這個數字反而也經常被使用在好的意思上。最具代表性的

就是象徵幸運的四葉幸運草了。而在棒球場上，最
強的打者正是四號。這樣我們還要一直將四解釋得
這麼糟糕且晦氣嗎？

此外還有「抖腳福氣會跑掉」、「考試當天吃飴糖就會考上」、「吃雞翅戀人或配偶就會搞外遇」、「送戀人鞋子的話，收到的人就會跑掉」等，有非常多我們平常生活中熟悉的迷信。但這些迷信完全沒有任何因果關係。比如說「喝海帶湯會落榜」這點，我們不能說正是因為喝了海帶湯所以考試考不好。但人們傾向將考試滑鐵盧與滑不溜丟的海帶湯聯想在一起，並決定將海帶湯定罪成考不好的罪魁禍首，這被稱為「錯覺的因果關係（illusory causality）」。

　　運動選手們所說的魔咒也是一樣的。比如說足球比賽中的門柱魔咒：若球踢中對方的球門柱，那場比賽就會輸。如同字面上的意思，錯認為偏向負面方向的事情在統計上經常發生，於是產生了有魔咒的迷思。人們相信前面發生的事情成為原因，並招來後面不好的結果。

但為什麼人們會相信如此不著邊際、毫無關聯的東西呢？根據德國的研究小組在〈心理科學期刊〉上發表的研究結果，身上帶著幸運符上場時，選手的競技能力實際上被提升了。因為幸運符消去了不安感，增強了對自身能力的信任。

　　即使那是毫無根據的街譚巷議，只要有一絲信念存在就不得不去相信的我們。也許人類就是如此脆弱無比的存在吧。

自我效能感

錯覺的因果關係（illusory causality）

將互相沒有任何關聯的事物綁在一起聯想，即使完全沒有任何關係，也錯以為是該事件發生的原因。

人們為什麼要喝
比吃頓飯還貴的咖啡？

─象徵效應─

　　餐後咖啡已經成了日常，吃完飯後一定會想到的就是咖啡。有些人以咖啡可以呈現自己的格調為由，或者以舶來品牌為由，去喝比飯錢還要貴上好幾倍的咖啡。為什麼人們會連咖啡也講究名牌呢？

　　是因為飲用高級品牌的咖啡，就彷彿變成紐約人或法國人的感覺嗎？

COFFEE AND THE CITY

不只是咖啡，即使只是一個物件，人們總是會去追求名牌，究竟為什麼會這樣呢？

原來讓世界運轉的法則是這樣！

這是因為「象徵效應（effet de panoplie）」的關係，象徵效應指的是購買特定品牌的產品，便覺得自己彷彿屬於有價值品牌的集團。象徵效應是法國的哲學家尚·布希亞

尚·布希亞
Jean Baudrillard

（Jean Baudrillard）在他的著作《消費社會》中提及的概念，「panoplie」在法語中是「一組」或「集合」之意。

在購買物品時講究名牌也可以說是一種象徵效應。就像小朋友拿整套的醫院玩具在玩，就會覺得自己好像醫生一樣，人們購買名牌後，便有自己也擠身成為上流階層的幻想。現今雖然階級已經崩毀了，但名牌依舊是顯示地位與身分的手段。另外也是種消除自卑感、自我安慰的方法。

有一個與此相關的研究：明尼蘇達大學研究小組以成人及青少年為對象，請他們自問「是什麼讓我變得幸福呢？」結果，自尊心高的孩子們主要回答非物質性的項目，自尊心低的孩子們則回答與持有物相關的答案。所以，也可以把購買名牌或讓別人羨慕的品牌，視為是試圖提高自尊心或自我效能感的方式。

有時候，我們總是透過昂貴的名牌或品牌尋找自己的價值。但如果能明白自己真正認為有價值的東西是什麼，而不是因為想變得像別人一樣所以才買名牌，這樣更能做出幸福的購物不是嗎？

象徵效應（effet de panoplie）

在購買特定品牌的產品時，覺得自己彷彿屬於有價值的集團。

做也後悔，不做也後悔，
該怎麼辦呢？
─後悔理論─

　　人生在世，會遇上許多抉擇之際。選擇了其中一個選項，也意味著放棄了另一個。所以不論是選擇了什麼，我們都會留下後悔。

　　因此人們為了將後悔減到最小，經常會做出「選擇效益最低的選項」的不合理決策。經濟學家大·E·貝爾（David E. Bell）稱此為「後悔理論

（regret theory）」。

根據後悔理論，人們在做決策時會考慮兩件事。第一是考慮哪個決定可以帶來最好的結果，第二是考慮萬一自己的決定是錯誤的會有多後悔。

在預想的結果與預想的後悔中，人們大部分不得不去選擇風險小的選項。不管做出哪個選擇，都一定會有些許的後悔，那麼為什麼人們依舊如此畏首畏尾呢？

　　哈佛大學心理系的丹尼爾・吉爾伯特教授小組進行了一項問卷調查，調查真的錯過地鐵與想像錯過地鐵時的後悔情感。結果，只是想像錯過地鐵的受試者們，將該失誤全數歸究於自身。

　　相反地，實際上錯過地鐵的受試者們，則認為那是因為自己控制不了的其他原因之故。這是因為不想承認自己的失誤並帶來後悔，且比起實際經驗，光是想像時的後悔情緒要來得更強。

　　過著毫無後悔的人生在現實上是不可能的。

不管做出什麼選擇，我們都只能邊後悔邊繼續活下去。

小說家馬克・吐溫這麼描述後悔：「從現在起二十年後，那時比起自己做過的事，你更會去後悔沒有做的事。解開錨鍊，離開安全的港口，揚帆出航吧。去探險、去做夢、去發現吧。」如果有些事做了也後悔、不做也後悔的話，先去挑戰看看如何？

> **後悔理論（regret theory）**
>
> 為了將後悔減到最低，而做出不合理的決策，選擇效用低的一邊。

人們看「今日運勢」的原因？
─佛瑞效應─

　　去算命時通常只會聽到「夏天要小心水」、「不要去附近的山上」等極為平凡的告誡，但聽到的時候，卻覺得這些話聽起來就是準確地在講自己的事。為什麼會這樣呢？

　　1949年心理學貝特拉姆·佛瑞（Bertram Forer）以大學生為對象進行了性格測驗，請受試

者以5分為滿分，評分測驗結果與自己的個性相不相似。結果平均得到了4.26分，也就是大部分的學生們回答性格測驗的結果都與自己的個性相似，回答4分以下的學生只有1人而已。但這裡有個有趣的點，性格測驗結果其實是將報紙上刊登的星座運勢大致改編一下做出來的，事實上，所有學生都拿到一樣的測驗結果。

理性來思考這件事的話，可以視為「掛在耳朵

上就是耳環、掛在鼻子上就是鼻環」——一切都是
自圓其說。但有許多人對占星術、血型運勢、生肖
運勢等全盤接受且深信不疑。這種將人們普遍具有
的性格或心理特徵，認為是自己獨有特徵的傾向，
被稱為「佛瑞效應（Forer effect）」。

性格測驗實驗

性格測驗結果

實驗筆記整理 將星座運勢大致改編一下變成性格測驗結
果，分發給全部學生，請他們回答測驗結
果紙上的敘述與自己的性格是否相似，此
時大部分的學生回答相似。

　　1956年心理學家保羅・E・梅爾（Paul E. Meehl）亦將此稱為「巴納姆效應（Barnum effect）」。

巴納姆效應一名來自十九世紀末領導美國知名馬戲團的演出者費尼爾司‧巴納姆。巴納姆在表演時會隨機點名觀眾上台，猜測對方的職業或個性。不過他並沒有看透他人的神通力，只是說出極為普遍的內容而已。

　　即使如此，人們總是相信巴納姆的話並認為神

準無比，巴納姆效應之所以會發生，是因為我們本身就擁有各種個性。且這些個性會反映在人們心中持有的信念上，比起與之相反的證據，更傾向於輕易接受支持性的證據，這在心理學上稱為「確認偏誤（confirmation bias）」，因為確認偏誤，我們才總是相信占星術或運勢等。

　　世上沒有毫無憂慮煩惱的人，即使知道這些

話語不論用在誰身上都是適用的，但我們依舊會去看今日運勢，也許是因為擔憂與不安而想找到安慰吧。

佛瑞效應（Forer effect）
巴納姆效應（Barnum effect）

認為人們普遍具有的性格或心理特徵是自己獨有特徵之傾向。

為什麼情況對自己不利時，
就開始質問別人幾歲？
─轉移焦點謬誤─

人們為什麼吵架吵一吵，發現情況對自己不利時，就會質問別人年紀呢？也經常出現質問年紀後，就將當初吵架的理由忘得一乾二淨的情況。

這稱為「轉移焦點謬誤（red herring fallacy）」。其中英文red herring一詞指的是紅色鯡魚。

　　到底「轉移焦點」與紅色鯡魚有什麼關係呢？鯡魚是英國近海經常能抓到的魚類之一。若將鯡魚燻製後，魚身會變成紅色的，且具有非常強烈的氣味。逃獄犯或逃亡者為了轉移追捕者所放出的獵犬的注意，經常會使用燻製鯡魚。因此如果在英文字典中翻找紅色鯡魚一詞，就會看到寫著「將人的注意力轉移至他處」的註解。

「將人的注意力
轉移至他處」

　　在綜藝節目中，如果覺得話題無聊時，就會迅速悄悄開啟別的話題。轉移焦點謬誤就是如此暗暗模糊掉論點，因此又稱為「轉移話題謬誤」。

　　轉移焦點謬誤在法院上也經常可以看到。在酒醉狀態下殺人的酒精中毒者接受判決時，一般人會認為當然要讓他接受懲罰，得判處他殺人罪才行。因此他的律師的首要策略，是分散指向殺人罪的注意力。

> 酒精中毒是嚴重的社會問題。
> 因此為了解決這種社會問題，
> 首先需要我們社會的共同努力才對。

　　這種主張是與罪刑無關的不當主張，但透過這種主張就能從不利的情況中逃脫。

　　如果落入轉移焦點謬誤的圈套中，就有可能會脫離話題的本質，或無意義地浪費時間與力氣。

轉移焦點謬誤（red herring fallacy）

在英文中被稱為「紅鯡魚（red herring）」，在爭論中模糊論點或轉移注意，當狀況對自己不利時改變話題，或咬定枝微末節的問題來拖延。

我們進行自我合理化的原因？
─認知失調─

　　在某個炎夏的高溫中，疲憊又肚子餓的狐狸偷偷躲進了葡萄園中。葡萄園中結實纍纍的葡萄看起來非常可口誘人，想摘葡萄來吃的狐狸踮起腳尖試著去搆葡萄，但牠的前腳怎麼樣也碰不到葡萄。結果最後放棄轉身離去的狐狸這麼說了：「那葡萄一定是酸葡萄啦。」

　　這是知名的伊索寓言中狐狸與葡萄的故事。在故事中，狐狸雖然失敗摘不到葡萄，但卻不想承認這個失敗，所以找了「酸葡萄」這個藉口，來辯解

自己摘不到葡萄才不算失敗。人也跟伊索寓言的狐狸一樣，總是將自己的失敗歸咎於環境。為什麼人類如此難以承認真相呢？

美國的心理學家利昂·費斯廷格（Leon Festinger）在1950年代初期看到了奇怪的新聞報導：某個邪教教主主張不久後將會遇上大洪水，只有相信並跟隨自己的信徒可以搭上飛碟獲救。相信這個說法的信徒們將自己的全數財產交給教主，並徹夜進行祈禱。命運之日終於到來了，但別說發生大洪水了，那天的天氣簡直好得不得了。之後教主站在信徒們面前這麼說了：

「我們的祈禱救了這個世界！」

信徒們不但沒有覺得受騙上當而發火，反而相信教主的話，並更加熱切地祈禱、更盲目地追隨信奉教主。

　真是件怪事，不論怎麼看教主都是個騙子，但為什麼不只一人，而是有數千數萬人對他的瞞天大謊如此深信不疑呢？

　費斯廷格教授把這個情況取名為「認知失調（cognitive dissonance）」。人們在得知自己的行動、態度或信念彼此之間產生矛盾時，會感受到心理上的不舒適。因此為了減少這份不適感，而將自己的信念或態度轉變為符合情況，謀求自我合理

化。

因為想消除心理上的不適，以及想維持一貫性
的人類本能，所以才會發生自我合理化。

矛盾

自我合理化

認知失調（cognitive dissonance）

因欲消除心理不舒適並維持一致性的人類本能，使
想法與行動維持一致性的心理。

相信「小道消息」的原因？
─真相錯覺效應─

　　如同「話語無腳卻能傳千里」這句俗諺一樣，謠言在瞬間便會散播開來。隨著謠言反覆散播，未被確認的內容也經常被人們當成真實接受。為什麼我們會接受這種沒有根據的傳聞作為事實呢？

　　心理學者尼古拉斯・迪方佐（Nicholas

DiFonzo）以羅徹斯特理工學院的學生為對象進行實驗，實驗計畫在六天當中，於各種場所散播多種謠言，並使各謠言能被聽到多次。結果，第一次聽到謠言時的信賴度為40%，在反覆聽到同樣的謠言六次後，信賴度增加為60%之多。

也就是說，就算一開始不相信，在反覆多次聽到後，也會像「三人成虎」這句成語一樣變得相信謠言。這種即使真偽不確定，卻因反覆暴露的效果而認為是真實的情況，稱為「真相錯覺效應

（Illusion of truth effect）」那麼，沒有根據的謠言之力，到底是從哪裡出來的呢？社會心理學家高爾頓‧奧爾波特（Gordon Allport）與利奧‧波斯特曼（Leo Postman）整理了謠言的法則如下。

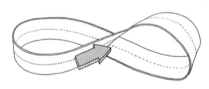

R = I x a
R=rumor（謠言）
I=importance（重要性）
a=ambiguity（曖昧度）

若白話地說明這個公式，意思就是謠言傳達的內容越重要，以及狀況越不確實，謠言的強度就變得越強。所以我們越是不安，對謠言變得越敏感，也越來越相信想相信的事物。因此為了對付惡性謠言，最重要的就是快速的反駁。

　　古羅馬詩人維吉爾曾這麼說：「謠言是世上之惡中最快速的」。在今日這般的網路世代中，不論是誰都無法從「謠言」中獲得自由，現在聽起來，這句話更加貼切了。

真相錯覺效應（illusory truth effect）

即使真偽不確定，也因該謠言反覆曝光，而認為好像是事實。

說好不想了，
為什麼想得更厲害？
─反彈效應─

　　要自己不要去想了，卻會想得更厲害，同樣地，叫人不要去做的話，不知為何會變得更想去做。這秘密就躲在「反彈效應（rebound effect）」裡面。

　　有一個關於反彈效應的有趣實驗，1987年曾任哈佛大學心理學教授的丹尼爾‧韋格納（Daniel

Wegner）將學生分成兩組，指示A組「想像白熊吧」，而指示B組「不要想像白熊」。並要求受試者們每當想到白熊時，就敲一下放在自己旁邊的鐘。

丹尼爾・韋格納
Daniel Wegner

究竟哪一組會想到白熊比較多次呢？正確答案是B組。B組的受試者們在聊日常的對話中也總是冒出白熊的想法，比A組多敲了很多次鐘。

丹尼爾・韋格納的這個實驗被稱為「白熊實驗」，是表現「想迴避的想法與壓抑，會產出更深的執著」的最佳範例。

白熊實驗

B組

> **實驗筆記整理** ▶ 接到「不要想像白熊」指示的組別，比接到「請想像白熊」指示的組別更常想起白熊。

　　在英國也有相似的實驗：請其中一組不要去想關於巧克力的事，並請另一組盡情地談論巧克力。之後在受試者面前擺上巧克力，結果，被抑制的組

+50%

別比起沒被抑制的組別多吃了50%之多的巧克力。

不論是誰，腦中總有一隻白熊。對有些人來

抑制　　　　迴避

說，白熊可以是單戀的對象，而對有些人來說，也可能是老是下定決心卻從未實行的減肥。但若不想要從壓抑變成執著，那麼也許讓這隻白熊過得自由點也是不錯的方式。

反彈效應（rebound effect）

若壓抑某項想法，則會更加想起那個想法；想迴避的想法與壓抑，會造成更強烈的執著。

比起99個優點，
為什麼1個缺點更顯眼？
—負面效應—

　　不論第一印象再怎麼好，如果接觸到負面部分，再怎麼好的印象都會消逝。比起正面力量，強烈的負面力量對我們的心理有更大影響。

　　為了更仔細了解這種心理，奧地利出身的心理學家伊莉莎白‧路卡斯（Elisabeth Lukas）教授以孩童為對象，進行了草莓實驗。她將爛到不能吃的

草莓，以約15%的比例混入一籃新鮮草莓中，交給孩子們，並將孩子分成兩組，請其中一組的孩子們挑出新鮮的草莓，裝進碗裡，請另一組的孩子挑出爛掉的草莓放進碗裡。

挑選作業結束後，她問孩子籃中新鮮的草莓數量有多少。結果，挑選新鮮草莓組別的孩子們，回答出的幾乎都是正解，相反地，挑出爛草莓組的孩子們回答出的新鮮草莓數量，比實際上要少非常多，甚至說新鮮草莓還不到整籃的一半。這個實驗

以各個成人團體為對象重複進行時，也得到相似的
結果。

挑選草莓實驗

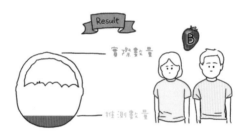

實驗筆記整理 兩個組別的受試者皆拿到一整籃的新鮮草
莓，兩組的草莓籃皆以同樣比例混入爛草
莓，並分別請受試者分別挑出新鮮草莓與
爛草莓，則挑爛草莓的組別回答出的新鮮
草莓數量，比實際還要少。

而在另一個調查中也可以看到同樣結果。子女帶著成績單回來，英文為「優」、社會「優」、科學「乙」、數學「丁」，若父母對成績單上的兩個「優」有反應就好了，但現實卻不是這樣。以父母為對象，調查看到這張成績單時視線最先看過去哪裡，有77%回答「數學丁」。

成績通知單

2017 學年度

科目	英文	社會	科學	數學
第一次期中考	90	95	70	20
第一次期末考	90	95	70	10
第二次期中考	90	95	70	15
第二次期末考	90	95	70	10
成績評鑑	優	優	乙	丁

如同上述實驗的結果，發生某項負面資訊時，比起其他正面資訊，人們會認為負面資訊更重要，這被稱為「負面效應（negativity effect）」。負面效應作用在我們日常生活的各個場合裡。人們在判斷印象時，比起正面的特徵，負面特徵會起更大的作用。消費者們在選擇東西時，與正面資訊相比，負面資訊相對來說看起來會更突出。

原始人為了從猛獸的攻擊中生存下來，而視負面資訊為更重要的資訊，負面效應就是源自於這裡。也就是說，這可以說是人類進化的產物。不過如果一直只看其他人的缺點，不就可能會錯失更大的優點嗎？

<　　**負面效應（negativity effect）**　>

若發生某項負面資訊，則認為負面事物比其他正面的資訊更重要。也稱為「消極偏見」（Negativity Bias）。

被「元祖」吸引的原因？
─代表性捷思─

　　為什麼我們一看到標示著「元祖」的東西，會想也不想地直接選擇，不去詢問也不去深究呢？為了找出這個原因，讓我們從1970年進行的「琳達問題」實驗來開始解題吧。

　　琳達是位31歲的未婚女性，會直接表達出自己的想法，是個非常聰明的人。她在大學時主修哲

學，學生時期非常關注社會正義與歧視問題，並參加了反核遊行。以上是關於琳達的全部資訊。

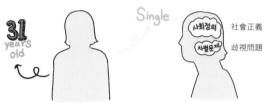

研究人員給學生們描寫琳達現任職業與生活的八種選項，請學生們依照他們認為是事實的可能性排序。並特別請他們預測琳達是「女性主義者」的機率與是「銀行行員」、「既是銀行行員也是女性主義者」的機率。大多數的受試者預測琳達的特徵順序為「女性主義者」、「既是銀行行員也是女性主義者」、「銀行行員」。但這個順序在機率上來看是對的嗎？

　　在三種情況當中，機率最低的是「既是銀行行員也是女性主義者」，比起只符合其中一種特徵，同時符合兩種特徵的機率一定是更低的。但比起有**邏輯地推論**，人們更會依靠對象所具有的代表性特徵進行判斷。這種判斷特定情況時，不以實際機率，而是以代表性來判斷的現象，稱為「代表性捷思（representativeness heuristic）」。

　　Heuristic源自古希臘與及拉丁語，有「找

出」、「發現」等意思。Heuristic指的是在不確定且複雜的情況中，為了盡可能快速解決問題而使用的直觀式判斷，或單純且即興的推論。

琳達問題

Feminist　　Feminist & Bank teller　　Bank teller

實驗筆記整理 在只知道幾項關於琳達這位女性的現任職業與生活的情況下，請受試者推測她是「女性主義者」、「銀行行員」、「既是銀行行員也是女性主義者」的機率，大多數受試者推測的機率順序為「女性主義者＞既是銀行行員也是女性主義者＞銀行行員」。

Heuristic，聽起來是個很困難的單字，那麼簡單地說它是「簡便推論法」或「大略推估法」不也可以嗎？對此，美國普林斯頓大學心理系教授丹尼爾‧康納曼這麼說了。

這個嘛，這種說法有點不到位，不如說Heuristic指的是以經驗將複雜的判斷簡化，減少判斷時間的精神性捷徑。

丹尼爾‧康納曼
Daniel Kahneman

透過丹尼爾・康納曼與阿摩司・特沃斯基進行的「琳達問題」實驗，捷思研究變得廣為人知。他們在1974年的《科學》期刊上發表了這個論文，詳細地說明了關於捷思研究的內容。不以實際機率、只以代表性進行判斷的代表性捷思，在急速運轉的現代社會中，具有縮減決策時間的優點，但這並不能保證總是能得到最好的結果。

代表性捷思（representativness heuristic）

在不確定且複雜的情況中，為了盡可能快速解決問題而使用之直觀判斷，或單純且即興之推論。